1993—2023

广州地铁设计研究院成立30周年
The 30th Anniversary of the Founding of GMDI

传承·创新
地 铁 设 计 30 年

农兴中　王迪军　廖　景　主编

人民交通出版社股份有限公司
北　京

图书在版编目（CIP）数据

传承·创新：地铁设计30年/农兴中，王迪军，廖景主编．—北京：人民交通出版社股份有限公司，2023.9
ISBN 978-7-114-19013-1

Ⅰ.①传… Ⅱ.①农…②王…③廖… Ⅲ.①地下铁道－铁路工程－设计－作品集－广州 Ⅳ.①U231

中国国家版本馆CIP数据核字（2023）第182171号

本书由人民交通出版社股份有限公司独家出版发行。未经著作权人书面许可，本书图片及文字任何部分，不得以任何方式和手段进行复制、转载或刊登。版权所有，侵权必究。

Copyright © 2023

All rights reserved. No part of this publication may be reproduced, stored in a retrieval system, or transmitted in any form or by any means, electronic, mechanical, photocopying, recording or otherwise, without the prior written permission of the copyright holder. Printed in China.

书　　名：	传承·创新 —— 地铁设计30年
著 作 者：	农兴中　王迪军　廖　景
责任编辑：	刘彩云
责任校对：	孙国靖　宋佳时
责任印制：	张　凯
出版发行：	人民交通出版社股份有限公司
地　　址：	（100011）北京市朝阳区安定门外外馆斜街3号
网　　址：	http://www.ccpcl.com.cn
销售电话：	（010）59757973
总 经 销：	人民交通出版社股份有限公司发行部
经　　销：	各地新华书店
印　　刷：	北京印匠彩色印刷有限公司
开　　本：	965×635　1/8
印　　张：	32.5
字　　数：	256千
版　　次：	2023年9月　第1版
印　　次：	2023年9月　第1次印刷
书　　号：	ISBN 978-7-114-19013-1
定　　价：	268.00元

（有印刷、装订质量问题的图书，由本公司负责调换）

编委会
EDITORIAL COMMITTEE

主 编 农兴中　王迪军　廖 景

编 委 史海欧　邓剑荣　何 坚　孟雪艳　雷振宇　贺利工
　　　　 刘健美　马 明　翟利华　孙 菁　郑 翔　张远东
　　　　 周再玲　陈小林　王春森　覃正刚　王世君　孙增田
　　　　 曹国旭　王 益　资利军　王阳明　周灿朗　万 杰
　　　　 赵耀宗　刘 坚　赵 晶　于文龙　有智慧　熊晓锋
　　　　 彭 磊　陈虹兵　李凤麟　柏文锋　冯晓青　张跃明
　　　　 陈勇军　艾治家　杜江涛　周 鲁　齐秀艳　曾文驱

编 辑 阳彬武　梁粤华　顾 泽　姜越鑫　孙 魁　倪 冉
　　　　 张文武　林维河　卓 琪　桂 林　温智和　刘 欢
　　　　 袁 泉　卢小莉　朱奕豪　李子瞳　李萧翰　王亚平
　　　　 谢特赐　王静伟　常 卉　申俊逸　彭林辉　李恒一
　　　　 李 双　李耘博　常瑞成　曹 波　刘胜利　张 勇
　　　　 高方源　张 璞　王若愚　徐忠权　毕晶晶　杨 琪
　　　　 蔡磊川　杨卓禧　张 璐　陆莉娜　李 平　李 琛
　　　　 安 鑫　宾艳玲　纪鑫妮　傅晓苗　叶锦宇

序言 PREFACE

奋进三十载，匠心筑未来。广州地铁设计研究院股份有限公司（股票简称：地铁设计，股票代码：003013.SZ）自1993年成立至今，已走过30年。在一代又一代地铁设计人的奋勇拼搏和不懈努力下，我们已经成为国内城市轨道交通综合设计实力最强的企业之一，拥有国家工程设计综合甲级、工程勘察综合甲级、城乡规划编制甲级等行业最高资质，业务范围涵盖轨道交通、市政、建筑等工程的规划咨询、勘察设计、工程总承包等领域，跻身国务院科改示范企业、国家高新技术企业、全国优秀勘察设计企业、广东省勘察设计行业最具影响力企业之列，是中国第一家在A股上市的轨道交通设计企业。

三十年来，我们拼搏发展成果丰硕。从成立时不足40人的小型设计院，发展到今天超过2000人的大型设计院。工程业绩遍及广州、深圳、北京、天津、南京、厦门、武汉、成都、西安等50多个国内城市以及10多个海外城市。累计承接了全国132条城市轨道交通线路的总体总包设计与咨询项目，涵盖地铁、轻轨、城际轨道交通、现代有轨电车、自动导轨系统、中低速磁悬浮等多种类型，运营通车里程超过1000km；设计了600多座车站以及超过600km的各种工法隧道，并牵头完成了多个城市的轨道交通线网规划、地下空间开发、上盖物业、交通枢纽等项目，能够为全球提供完备、系统的城市交通综合解决方案。

三十年来，我们科技创新成绩斐然。在城市轨道交通、综合交通枢纽和上盖物业开发等领域创造了多项"中国第一"：第一条最高时速120km的地铁线路、第一条直线电机牵引的地铁线路、第一条城际地铁线路、第一条无人驾驶的城市旅客自动运输线路、第一条采用超级电容供电的现代有轨电车线路、第一条实现公交化运营的160km/h全地下市域快线、第一个超高层地铁上盖城市综合体、第一条全场景文化旅游特色轨道交通线路、全国少数民族自治区第一条开通试运营的城市轨道交通线路等。主编或参编国家、行业、地方、团体等标准220余项；多次荣获国家级、省部级奖励，包括国家科学技术进步奖、全国优秀工程勘察设计奖、国家环境保护设计优秀奖、中国土木工程詹天佑奖等奖项1200余项，并拥有专利技术700余项。建立了城市轨道交通系统安全与运维保障国家工程研究中心（联建）、广东省城市轨道交通工程建造新技术企业重点实验室、广东省绿色轨道交通工程技术研究中心、博士后科研工作站、广州市院士专家工作站、广州市地下工程安全研究院等研发与创新机构，不断引领行业科技进步。

为了真实记录历史，客观记载成就，我们组织编写了《传承·创新——地铁设计30年》，内容涵盖设计院三十年来在轨道交通、TOD综合开发、市政工程、工程总承包、能源管理与工程数字化等领域中的代表项目、优秀作品和创新成果240余项。同时，致敬勇于创新的开拓者，致敬匠心独运的设计师、勘测师，致敬我们的新时代。

这本书的出版，只是一个新的起点，今后我们将贯彻落实"设计+数字科技"的战略发展理念，面向市场需求，继续聚焦行业领域中的重点难点痛点问题，集中力量开展科技攻关，发挥设计在工程建设中的龙头作用，为改善城市交通、提升城市品质、促进城市高质量发展做出更大贡献。

广州地铁设计研究院股份有限公司
2023年9月

目 录

1 轨道交通篇 — 001

1.1 线网规划 — 002

1.2 总体总包 — 012

1.3 车站 — 070
- 1.3.1 地下车站 — 070
- 1.3.2 高架车站 — 108

1.4 车辆段与停车场 — 114

1.5 区间工程 — 138
- 1.5.1 明挖法隧道 — 138
- 1.5.2 矿山法隧道 — 140
- 1.5.3 盾构法隧道 — 142
- 1.5.4 顶管法隧道 — 149
- 1.5.5 高架区间 — 150

1.6 机电系统 — 154
- 1.6.1 环境工程 — 154
- 1.6.2 电气工程 — 166
- 1.6.3 自动化和通号工程 — 172

2 TOD 综合开发篇 — 183

2.1 城市综合体 — 184

2.2 公共建筑 — 188

2.3 综合交通枢纽 — 198

2.4 居住建筑 — 202

3 市政工程篇 — 211

4 工程总承包篇 — 227

5 能源管理和工程数字化篇 — 237

传承 创新　1993 — 2023

地 铁 设 计 30 年

CHAPTER 1

轨道交通篇
RAIL TRANSIT

1.1 线网规划

广州市轨道交通线网规划
Guangzhou Urban Rail Transit Network Planning

广州市经历了 5 轮轨道交通线网规划。

（1）1988 年版线网规划

线网主要覆盖中心城区，以解决"客流输送"为主。线网呈十字形结构，共规划 2 条线，总里程 35km。该版规划明确了"客流导向型"的规划原则。

（2）1997 年版线网规划

随着城市由向东发展转为向东、向北发展，线网以解决"客流输送"为主，规划引导"城市空间发展"和"土地利用开发"为辅。线网呈 L 形结构，共 7 条线，总里程 206km。该版规划创新性地提出"点、线、面"的规划分析方案，确保了线路建成后的客流效应，成为国内线网规划的基本方法之一。

（3）2005 年版线网规划

基于行政区划调整、亚运会申办、南站选址、机场启用、三大汽车产业基地形成等上位规划调整，为实现"103060"时空目标和"305070"客运目标，构建"方格+放射"状线网结构。线网由 15 条线构成，总里程 619km。该版规划提出"网络化运营"理念和以公共交通为导向的发展模式（TOD）并成功应用，保持了线网先进性。

（4）2011—2015 年版线网规划

随着广州被赋予"国家中心城市"、珠三角地区双核心城市的定位，为形成多层次协调发展的城乡空间体系，实现"3060"时空目标和"7070"客运目标，线网按"环线+十字快线+X 形对角线"规划。线网由 23 条线构成，总里程 1025km。该版规划稳定了中心区域，为向外拓展打下了基础。

（5）2018 年版线网规划

为高标准建设轨道上的广州，实现"3060"时空目标和"6080"客运目标，国铁/城际铁路、城市轨道交通快线、城市轨道交通普线组成三个"1000km"。线网由 53 条线构成，总里程 2029km。该版规划着眼于大湾区的发展，构建多网融合格局，实现城市互联互通。

2019 年，广州市开展了新一轮轨道交通线网规划修编，新增广州都市圈快线网络层次，构建以广州为中心、通达邻近城市的 1h 轨道交通通勤圈，有效促进了大湾区城市群社会、经济、综合服务设施一体化共合发展。

▲ 广州市轨道交通线网规划（2018—2035 年）

■ 获奖信息

《广州市轨道交通线网规划》
★ 2005 年度广东省城乡规划设计优秀项目三等奖

《广州市轨道交通线网规划（2011—2040）》
★ 2009 年度全国优秀城乡规划设计奖二等奖

《广州市轨道交通线网规划（2018—2035 年）》
★ 2019 年度全国优秀城市规划设计奖二等奖
★ 2019 年度广东省优秀城市规划设计奖一等奖

广州市城市轨道交通建设规划
Guangzhou Urban Rail Transit Construction Planning

广州市经历了 3 期 5 轮的城市轨道交通建设规划。

（1）第一期建设规划

《广州市轨道交通建设规划》于 2005 年 7 月获得批复。本轮规划建设线路 7 条（段），总里程 237.6km，共 150 座车站，总投资约为 538 亿元。

（2）第一期建设规划调整

《广州市轨道交通近期建设规划调整》于 2009 年 2 月获得批复。本轮规划调整建设线路 3 条（段），总里程 53.4km，共 34 座车站，总投资约为 227 亿元。

（3）第二期建设规划

《广州市城市轨道交通近期建设规划（2012—2018 年）》于 2012 年 7 月获得批复。本轮规划建设线路 7 条（段），总里程 228.9km，共 92 座车站，总投资约为 1241 亿元。

（4）第三期建设规划

《广州市城市轨道交通第三期建设规划（2017—2023 年）》于 2017 年 3 月获得批复。本轮规划建设线路 10 条（段），总里程 258.1km，共 114 座车站，总投资约为 2196 亿元。

（5）第三期建设规划调整

《广州市城市轨道交通第三期建设规划调整》于 2022 年 11 月获得批复。本轮规划建设线路 3 条（段），总里程 59km，共 29 座车站，总投资约为 595.72 亿元。

随着广州市轨道交通建设进入网络化、快速化发展阶段，同时广州同周边城市的联系日益紧密，轨道交通建设和规划存在以下问题：单条线路独立建设存在片面性、城市群各城市轨道交通网各自独立、高质量互联互通的技术储备不足，需进行技术突破、标准创新、装备研发。针对上述问题，广州地铁集团有限公司（以下简称"广州地铁"）从整体线网上进行系统研究，对线网规划、资源共享、互联互通、高效节能等问题进行了综合考虑。

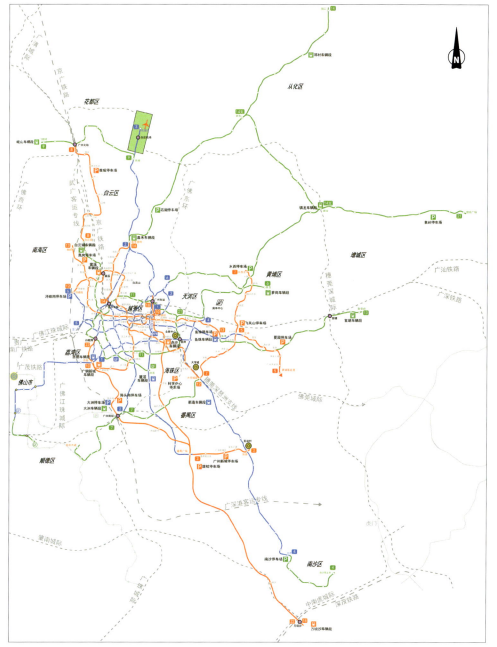

▲ 广州市城市轨道交通建设规划（2017—2023 年）

■ **获奖信息**

《广州市城市轨道交通近期建设规划（2012—2018 年）》
★ 2014 年度全国优秀工程咨询成果奖二等奖
★ 2012—2013 年度广东省优秀工程咨询成果奖一等奖
★ 2013 年度广州市优秀城乡规划设计奖三等奖

《广州市城市轨道交通第三期建设规划（2017—2023 年）》
★ 2017 年度广东省优秀城乡规划设计奖三等奖
★ 2016—2017 年度广东省优秀工程咨询成果奖三等奖
★ 2017 年度广州市优秀城乡规划设计奖二等奖

广州市综合交通枢纽布局与发展规划
Guangzhou Comprehensive Transportation Hub Layout and Development Planning

▲ 广州市综合交通枢纽布局与发展规划

■ 主要内容

（1）研究确定 82 个综合客运枢纽、42 个综合货运枢纽。

（2）研究确定多条城际轨道交通线路接入广州枢纽的线路通道，总里程约 240km。

（3）研究东部新城（新塘、镇龙）、南部新城（万顷沙）、白云机场 — 广州北站、白鹅潭、琶洲等 10 个重要单体综合交通枢纽的交通概念设计、用地选址方案及规划控制要求，规划枢纽及配套交通设施用地面积约 95 万 m^2。

■ 规划创新

（1）发展规划、总体布局、方案设计三位合一，统筹枢纽布局。

（2）枢纽锚固网络与网络强化枢纽的互动理念。

（3）采用"宏观、中观、微观"整体交通模型系统。

（4）实现枢纽规划和土地利用的良性互动。

■ 获奖信息

★ 2013 年度广州市优秀城乡规划设计奖一等奖

2011 年，为了贯彻落实珠《珠江三角洲地区改革发展规划纲要 (2008 — 2020 年)》及广州新一轮城市总体规划的目标要求，促进一体化综合交通枢纽体系的形成和发展，本规划从国家战略及城市空间布局的角度研究广州市枢纽层次结构及枢纽间衔接通道，从预留发展条件的角度研究枢纽设计和用地规划控制，实现枢纽交通资源的有效整合、交通网络的有机衔接和枢纽客货流的便捷顺畅，为推进综合交通枢纽的实施建设提供依据。

广佛两市轨道交通衔接规划
Guangzhou-Foshan Rail Transit Connection Planning

▲ 广佛两市轨道交通衔接规划

2015 年，为了实现广州和佛山两市轨道交通网的互联互通，明确广佛两市轨道交通衔接通道的线站位详细规划方案，落实线站位及配套设施用地的规划控制，以及构建广佛两市轨道交通衔接的协调机制，促进两市轨道交通有序建设，进行了广佛两市的轨道交通现状调查与分析、既有规划梳理分析、两市轨道交通衔接需求预测、总体衔接模式研究以及轨道交通衔接线站位详细规划等。

通过优化轨道交通线网的衔接层次和空间结构，加强两市中心城区、南北边界延伸片区的轨道交通线网对接和缝合，实现轨道交通线网的合理衔接、相互渗透、互为编织。另外，通过强化重要枢纽节点对轨道交通线网的锚固，扩大轨道交通线网对枢纽周边地区的服务覆盖，提升枢纽的辐射能力。

最终广佛衔接规划了 9 条共计 103.1km 轨道交通线路（含广佛线 40.5km），其中广州向佛山延伸通道 3 条，佛山市内长度 25.4km；佛山向广州延伸通道 5 条，广州市内长度 21.3km；广佛线在广州市内长度 17.3km，在佛山市内长度 23.2km。另外，还规划有 2 条远景预留通道。

■ 获奖信息

★ 2017 年度华夏建设科学技术奖三等奖

★ 2017 年度全国优秀城乡规划设计奖三等奖

★ 2017 年度广东省优秀城乡规划设计奖一等奖

★ 2017 年度广州市优秀城乡规划设计奖一等奖

佛山市轨道交通线网规划
Foshan Urban Rail Transit Network Planning

2007年，广州地铁设计研究院完成佛山市轨道交通线网编制工作。佛山市远景年城市轨道交通线网结构为"棋盘+放射线"，由8条线路组成，总长约264.3km，设车站133座，其中换乘车站35座，核心区域线网密度1.03km/km²，中心组团线网密度0.30km/km²。近期建设规划的3号线工程和2号线一期工程，长约102.2km，贯穿城市东西、南北主轴，连接城市和区域交通枢纽，与1号线构成覆盖中心城区的轨道交通骨架网。

▲ 佛山市轨道交通线网规划

佛山市城市轨道交通建设规划
Foshan Urban Rail Transit Construction Planning

2008年，佛山市首次开展《佛山市城市轨道交通近期建设规划（2011—2018年）》的编制工作，该规划于2012年9月获得国家发改委批复。

2015年，为全面贯彻落实《佛山市城市总体规划（2011—2020年）》《佛山市城市轨道交通线网规划修编》等规划要求，加快广佛全域同城化建设，支持佛山城市总体发展战略，佛山市开展了《佛山市城市轨道交通第二期建设规划（2021—2026年）》的编制工作，该规划于2021年1月获得国家发改委批复，成为《关于进一步加强城市轨道交通规划建设管理的意见》（国办发〔2018〕52号）出台后全国第3个建设规划获批的地级市（非直辖市和省会城市），也是佛山市轨道交通发展史上迄今为止研究历时最久、范围最广、规模最大以及审批难度最高的建设规划。

■ 建设规划特点

（1）项目范围跨越广佛两市，打造全国跨城市轨道交通规划建设的典范，具有重要的应用和推广价值。

（2）项目建设实现广佛两市城市轨道交通"一张网"，佛山市辖五区"区区通轨道"，促进佛山轨道交通网络化快速发展，支撑佛山构筑"1+2+5""强中心，多组团"网络型城市空间结构。

（3）项目建设实现广佛中心区、佛山外围组团与佛山城区"3030"快速通达时空目标，轨道交通出行"5050"客运目标，全力打造国家公交都市样板。

（4）规划理念坚持以运营需求为导向，建设规划始终秉持"规划建设为运营、运营服务为乘客"的以人为本的服务理念。

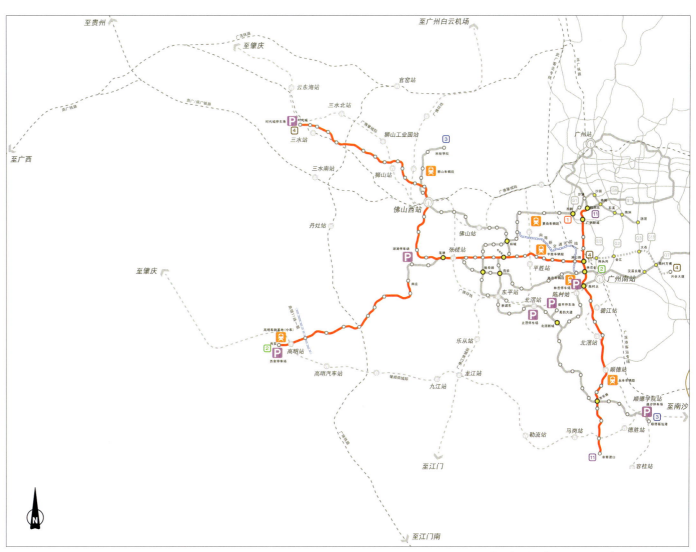

▲ 佛山市城市轨道交通第二期建设规划（2021—2026年）

江门市轨道交通线网规划
Jiangmen Urban Rail Transit Network Planning

▲ 江门市城市轨道交通线网规划

2012年，根据《江门市城市总体规划》"依托西江，承接广佛，整合资源，完善功能，提升品位"的思路，江门市搭建了服务城市发展的轨道交通线网，重点实现对江门主城区及枢纽的服务和衔接，以轨道交通覆盖江门未来重点发展的滨江新区、银洲湖地区和高新技术开发区建设。

江门市轨道交通线网远期形成"X形骨干线+城区加密线+外围组团线"，共6条线，全长160km。1号线与2号线为骨干线，共64km，呈类X形；3号线、4号线为城区加密线，共45km；5号线、6号线为外围组团线，共51km，加强鹤山、银洲湖片区与主城之间的联系。

广州都市圈广清接合片区轨道交通线网规划

Guangzhou — Qingyuan Joint Area Rail Transit Network planning in Guangzhou Metropolitan Area

《广州都市圈广清接合片区轨道交通线网规划》是粤港澳大湾区首个在都市圈范围的多层次轨道交通线网规划项目。广清接合片区是国家发改革等十八部门联合确定的11个国家城乡融合发展试验区之一，是广州都市圈重要区域，处于1h通勤时空圈内，与广州空间关系密切。2021年，为了提升都市圈通勤出行效率和质量，促进区域产业融合，提升经济发展和区域融合发展动力，满足国家推进都市圈交通运输一体化发展要求，从区域线网功能设计、区域多网融合和资源共享、土地利用调整及投融资等多个层面开展相关规划研究，按照区域一体化的规划理念设计轨道交通网络总体架构，共规划23条线路，线网总规模665.1km，形成由国铁4条、都市圈快线+珠三角城际轨道交通8条、都市融合区内部地铁系统7条及都市融合区内部中低运量轨道交通系统4条构成的多层次轨道交通线网，为接合片区未来轨道交通发展奠定了坚实基础。

线网规划研究内容共分为五个专题，分别为广州都市圈广清接合片区轨道交通线网规划、广州都市圈广清接合片区轨道交通线网客流预测与评价、广州都市圈广清接合片区轨道交通线网系统制式与资源共享研究、广州都市圈广清接合片区轨道交通线网近期建设线路规划方案研究、广州都市圈广清接合片区轨道交通沿线土地利用调整及投融资方案研究。

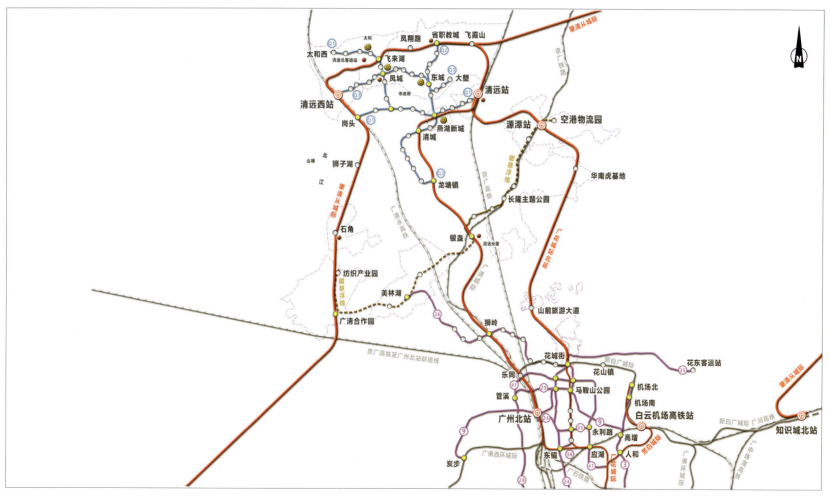

▲ 广清接合片区轨道交通线网规划（2035）方案

苏州市城市轨道交通建设规划
Suzhou Urban Rail Transit Construction Planning

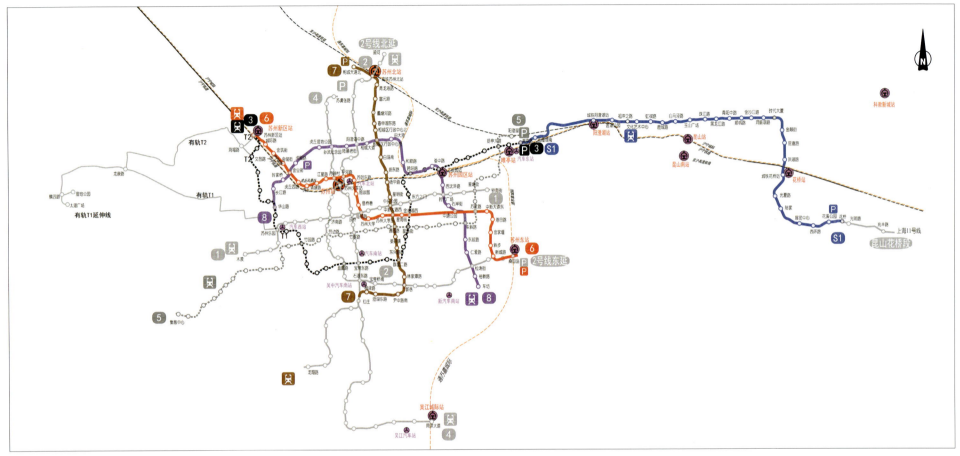

▲ 苏州市城市轨道交通第三期建设规划（2018—2023）

2013—2014年，对编制依据线网规划的部分线路进行了优化调整，对国家已批复还在设计中的线路和拟建线路进行了换位组合，提出的苏州市构建两横两纵"井"字骨架+组合环线的线网结构，对苏州第二期建设规划进行调整，提出将3号线、5号线园区段（星港街以东）进行互换以形成换乘，3号线调整为U形半环线，并将5号线同步纳入第二期建设规划调整中。

2014—2018年，在苏州实现区区通轨道的基础上，为进一步完善中心城区普线网络，兼顾市域东向拓展，促进区域一体化发展水平提升，支持城市总体规划目标实现，促进城市空间布局结构形成，保护苏州古城历史文化风貌，缓解中心城区交通压力，苏州市编制完成《苏州市城市轨道交通第三期建设规划》。

2021—2023年，为了落实长江三角洲区域一体化发展、虹桥国际开放枢纽建设等国家战略，助力长三角一体化创新发展先导区的高质量发展，打造苏州市域新中心，编制完成《苏州市城市轨道交通第三期建设规划调整》。

■ 获奖信息

★ 2020年度全国优秀工程咨询成果奖二等奖
★ 2018—2019年度广东省优秀工程咨询（科技）成果奖一等奖
★ 2014年度南京市优秀城乡规划设计奖三等奖

南宁市城市轨道交通线网规划
Nanning Urban Rail Transit Network Planning

2005年，南宁市政府为适应行政区划调整带来的城市发展变化，组织开展了新一轮城市总体规划的修编工作，并同步启动了首轮轨道交通线网规划的研究工作，该版线网于2008年获批，规划建设6条线路，总长约178.0km，确立了以1号线、2号线构成十字形网络骨架的线网结构。

2012年，南宁市结合前阶段线网规划、建设规划、1号线工程可行性研究审查意见，并依据《南宁市城市总体规划（2011—2020年）》等相关规划调整，对原线网规划（2008年版）进行修编。修编后的线网由8条线路组成，总长约252.1km，线网结构为网格放射线，整体形态为四横四纵。

2017年，为配合第三轮轨道交通建设规划的编制工作，南宁市政府结合城市规划发展，启动了线网规划修编研究工作，修编后的线网在原线网的基础上增加了3号线、4号线、5号线延长线、机场线、武鸣线。本版规划于2018年获批，总长约377.7km。

2018年，国土空间规划体系出台，为配合《南宁市国土空间规划》的编制，南宁市政府同步开展《南宁市城市轨道交通线网规划（2020—2035年）》的编制工作。本版规划于2021年获批，线网由13条线组成，总长约592.6km，线网结构为环线+放射线。

南宁市城市轨道交通线网规划修编是广州地铁设计研究院在外地首个作为主编单位完成的线网修编项目，线网报告编制及线网客流预测均由广州地铁设计研究院独立完成。

■ 获奖信息

★ 2010—2011年度广东省优秀工程咨询成果奖一等奖
★ 2012年度全国优秀工程咨询成果奖三等奖
★ 2013年度广西优秀城乡规划设计奖三等奖

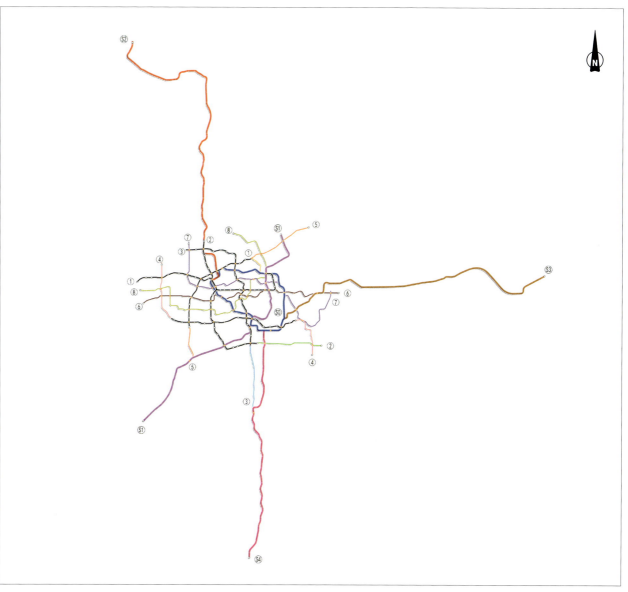

▲ 南宁市城市轨道交通线网规划（2020—2035年）

1.2 总体总包

广州市轨道交通 2 号线工程
Guangzhou Metro Line 2

线路起止 / 广州南站 — 嘉禾望岗站
线路长度 / 31.80km
车站数量 / 24 座
开通时间 / 江南西站 — 三元里站：2003 年 6 月
　　　　　广州南站 — 江南西站、三元里站 — 嘉禾望岗站：2010 年 9 月
最高运行速度 / 80km/h
车辆编组 / 6A

■ **项目概况**

广州市轨道交通 2 号线是一条贯通市区中心和火车站的南北向城市轨道交通骨干线，北端与 3 号线和 14 号线衔接换乘，可连通新白云机场，南端直达广州南站。线路全长 31.8km，共设 24 座车站，其中换乘站 13 座。信号采用准移动闭塞制式，正线供电采用 DC1500V 刚性架空接触网。

2010 年 9 月，广州地铁对 2 号线首期工程万胜围 — 三元里段进行拆解并延长。至此，2 号线成为国内第一条在已运营的基础上实施拆解的线路。

■ **项目特点**

2 号线工程在设计上具有多项技术创新：

（1）首期工程国产化与智能化。国内首次采用屏蔽门系统；首次采用集中供冷系统，并成功应用珠江水直流冷却；首次在国内地铁和电气化铁道领域采用架空刚性接触网；首次成功应用全非接触式 IC 卡（集成电路卡）自动售检票（AFC）系统，并在国际上首次采用代币式 IC 卡单程票系统，实现了地铁售检票系统的全智能化。

（2）大客流线路拆解。国际首次实现大客流运营线路超短停运（3d）拆解调试，并形成 2 条高服务水平的独立运营线路（原 2 号线拆解为 2 号线和 8 号线）。拆解完成后，2 号线行车间隔为 3.5min，8 号线行车间隔为 4.5min。

▲ 公纪区间三线停车隧道

（3）结构设计。国内首次采用 1.5m 宽盾构隧道衬砌管片和三元乙丙密封垫；北延段（三元里站 — 嘉禾望岗站）是广州第一次在岩溶发育区大规模修建地铁的线路；广州南站是广州市第一座与大型对外交通枢纽同步设计、同步建设的地铁车站。

▲ 拆解现场施工

■ **获奖信息**

★ 2006 年度国家科学技术进步奖二等奖
★ 2006 年度全国优秀工程设计奖（市政专业）银质奖
★ 2005 年度建设部部级优秀勘察设计奖一等奖
★ 2006 年度国家环境友好工程
★ 2004 年度广东省科学技术进步奖特等奖
★ 首届"全国十大建设科技成就"
★ 城市轨道交通施工专项技术科技示范工程（建设部）

▲ 广州火车站站厅

▲ 开门迎客

▲ 海珠广场站站厅

广州市轨道交通 3 号线工程
Guangzhou Metro Line 3

线路起止 / 番禺广场站 — 机场北站、体育西站 — 天河客运站
线路长度 / 67.01km
车站数量 / 30 座
开通时间 / 广州东站 — 客村站：2005 年 12 月
　　　　　客村站 — 番禺广场站、体育西站 — 天河客运站：2006 年 12 月
　　　　　广州东站 — 机场北站：2010 年 10 月
最高运行速度 / 120km/h
车辆编组 / 6B

■ 项目概况

广州市轨道交通 3 号线是广州市第一条最高速度 120km/h、贯通城市南北并连接机场的轨道交通快速干线，整体呈 Y 形走向，其中主线北起广州火车东站，南至番禺广场，线路全长 28.75km，共设 13 座车站；支线北起天河汽车客运站，南至体育西路站并与主线汇合，线路全长 7.42km，共设 5 座车站。北延段由广州东站向北延伸至新机场，线路全长 30.84km，共设 12 座车站。全线均为地下线，设 1 座车辆段及综合基地、2 座主变电站、1 处控制中心。信号采用移动闭塞制式，正线供电采用 DC1500V 刚性架空接触网。

■ 项目特点

（1）"短"。作为 2010 年广州亚运会配套工程，北延段在不到 3 年半的超短工期内成功完成建设开通，有力地支持了亚运会的顺利举行。

（2）"快"。3 号线是国内第一条速度达 120km/h 的城市轨道交通线路，并且为满足在运营和安全等方面的更高要求，进行了一系列技术创新，包括全国首套 120km/h 快线车辆检修制度及典型车间检修工艺、首次将复合材料应用于疏散平台和车辆段自动化立体仓储设备、首次进行控制性管线施工全过程质量监测、首次采用地质雷达网格化探测技术。

（3）"险"。全线 80% 的区段地质条件恶劣。面对长段的花岗岩残积土及孤石地带、岩溶发育地带和深厚富水砂层地带，采取有效措施控制各种不良地质带来的工程风险是本项目的技术亮点。

▲ 广州塔站站厅

▲ 珠江新城站站台

轨道交通篇

▲ 机场南站站厅与机场共享

▲ 机场南站宽闸机

■ 获奖信息

★ 2009年度全国优秀工程勘察设计行业奖二等奖
★ 2009年度广东省优秀工程勘察设计奖一等奖
★ 2008年度广州市优秀工程勘察设计奖一等奖

015

广州市轨道交通 4 号线工程
Guangzhou Metro Line 4

线路起止 / 黄村站 — 南沙客运港站
线路长度 / 59.30km
车站数量 / 24 座
开通时间 / 万胜围站 — 新造站：2005 年 12 月
　　　　　 新造站 — 黄阁站：2006 年 12 月
　　　　　 万胜围站 — 金洲站：2007 年 6 月
　　　　　 车陂南站 — 黄村站：2010 年 9 月
　　　　　 金洲站 — 南沙客运港站：2017 年 12 月
最高运行速度 / 90km/h
车辆编组 / 4L

■ 项目概况

广州市轨道交通 4 号线位于广州东部，是一条联系天河、海珠、官洲、大学城、番禺、南沙组团的南北向快速干线。线路全长 59.3km，共设 24 座车站，其中预留站 2 座、换乘站 11 座，平均站间距 2.58km，最大站间距 6.27km，最小站间距 1.19km。

4 号线助力广州实现城市总体规划目标，拉开城市布局，提高和改善城市交通环境及对外交通辐射强度；同时串联黄村的广东奥林匹克体育中心和海傍的广州亚运城，成为亚运专线，为 2010 年广州亚运会提供快速的交通通道。

▲ 飞沙角停车场

▲ 蕉门站外观

■ 项目特点

4 号线的建设突破了众多工程难点，取得了多项工程成就：

（1）大盾构。4 号线南延段的中间风井 — 南沙客运港区间，采用直径 11m 级"巨无霸"大直径泥水平衡盾构机，长 98m，总质量 1200t，其中单刀盘质量达 240t，施工难度远超普通盾构机。

（2）技术领先。国内首次采用 Vanguard 新型减振扣件、树脂轨枕及预制混凝土板式道床，国内城市轨道交通工程中首次应用运架一体机架设整孔预制箱梁、首次应用节段预制拼装桥梁等，国内地铁线路中首次采用直线电机牵引、首次使用 DC1500V 三轨供电技术。

（3）特殊防水。4 号线 7 次穿越珠江，为提高车站的防水安全性，在万胜围站两端、车陂南站南端、北亭站北端和新造站北端临江隧道口设置防淹密闭门。防淹门按珠江 200 年一遇洪水位设防，收到闭门信号后可实现自动关闭功能。

■ 获奖信息

★ 2009 年度全国优秀工程勘察设计行业奖二等奖
★ 2009 年度广东省优秀工程勘察设计奖一等奖
★ 2008 年度广州市优秀工程勘察设计奖一等奖

轨道交通篇

▲ 跨怡峰园放生池高架桥景观

▲ 新造车辆段鸟瞰图

▲ 南沙客运港站

▲ 车辆段可动心辙叉道岔

017

广州市轨道交通 5 号线工程
Guangzhou Metro Line 5

线路起止　/　滘口站 — 文冲站
线路长度　/　31.90km
车站数量　/　24 座
开通时间　/　2009 年 12 月
最高运行速度　/　90km/h
车辆编组　/　6L

■ 项目概况

广州市轨道交通 5 号线为东西向骨干线，西起荔湾区滘口站，东达黄埔区文冲站。线路全长 31.9km，其中滘口 — 坦尾区间为高架线，其余为地下线，共设 24 座车站，其中换乘站 10 座。5 号线的功能定位为带动东部地区经济及相关产业发展，加快东部地区城市化进程，实现广州市"东进"发展战略目标。

5 号线东延段工程（文冲站 — 黄埔新港站）于 2018 年 11 月开工，预计 2023 年年底开通运营。东延段工程贯穿黄埔滨江新城与广州开发区西区，将进一步加强广州东部城区和中部与西部城区的联系。

■ 项目特点

（1）国际率先将直线电机系统应用于大运量城市轨道交通制式，突破此前直线电机主要用于中低运量城市轨道交通的常规模式。

▲ 滘口站站台

（2）国内首条盾构机成功穿越溶洞的线路，全线克服了穿越溶洞群、高强度灰岩、花岗岩、断裂带以及下穿小北立交等巨大工程困难。

（3）国内首次成功实施小半径大坡度隧道盾构施工，线路最小曲线半径 206m，最大坡度 5.5%，远超常规 350m 曲线半径和 2.6% 坡度限值，为盾构机在狭窄空间避让既有障碍物创造了可能。

（4）国内首次成功应用矿山法实施洞内桩基托换，解决了在不影响地面交通的情况下进行桩基托换的重大技术难题。

▲ 坦尾站

■ 获奖信息

★ 2011 年度全国优秀工程勘察设计行业奖二等奖
★ 2011 年度广东省优秀工程设计奖一等奖
★ 2010 年度广州市优秀工程设计奖大奖、一等奖

轨道交通篇

▲ 鱼珠主变电站一号主变压器本体

▲ 动物园站

▲ 广州火车站站厅

广州市轨道交通 6 号线工程
Guangzhou Metro Line 6

线路起止 / 浔峰岗站 — 香雪站
线路长度 / 41.94km
车站数量 / 32 座
开通时间 / 浔峰岗站 — 长湴站：2013 年 12 月
　　　　　长湴站 — 香雪站：2016 年 12 月
最高运行速度 / 90km/h
车辆编组 / 4L

■ 项目特点

（1）功能多样。6 号线为中心区 U 形走向辅助线，到线网调整后二期延伸至黄埔区，兼顾中心组团与东北向、西北向客流连接功能。

（2）工程复杂。线路穿越老城区，道路狭窄、管线密布，交通疏解异常困难，地质条件尤为复杂，珠江北岸段广泛分布砂层及淤泥，工程实施难度高。

（3）勇于创新。国内首次将节段预制技术与连续刚构相结合，6 号线高架段采用节段拼装 + 无支座双薄壁墩连续刚构设计；国内首次在既有房屋下完成先隧道后车站的暗挖施工；国内首次在岩溶地区全断面砂层地段采用盾构法建设地下线路，确保了工程施工及运营的安全性。

■ 获奖信息

★ 2015 年度全国优秀工程勘察设计奖一等奖
★ 2015 年度广东省优秀工程勘察设计奖一等奖
★ 2015 年度城市轨道交通技术创新推广项目

■ 项目概况

广州市轨道交通 6 号线是广州建成投入使用的第 9 条轨道交通线路，西起白云区的金沙洲，向东南穿越荔湾区、越秀区，之后折向东北，经天河区，止于黄埔区。线路大致呈 U 形走向，主要经过大坦沙、珠江北岸、先烈路、广州大道北、燕岭路、广汕路、开创大道。6 号线是加强中心组团与东北向、西北向客流连接的轨道交通辅助线，实现了中心城区向东、西两个方向的联系和延伸，形成带动东西两翼发展的新布局。

▲ 浔峰岗站

轨道交通篇

▲ 150m主跨白沙河大桥

▲ 双薄壁墩节段拼装连续刚构高架桥

▲ 浔峰岗停车场

▲ 海珠广场站站厅

广州市轨道交通 7 号线一期工程
Guangzhou Metro Line 7 Phase Ⅰ

线路起止 / 广州南站 — 大学城南站
线路长度 / 18.60km
车站数量 / 9 座
开通时间 / 2016 年 12 月
最高运行速度 / 80km/h
车辆编组 / 6B

■ 项目概况

广州市轨道交通 7 号线是广州市东南部东西向快速干线,一期工程全部位于番禺区,线路全长 18.6km;共设 9 座车站,其中换乘站 4 座,平均站间距 2.32km,最大站间距 3.79km,最小站间距 1.12km,预留远期东端延伸至黄埔、西端延伸至顺德的条件。

7 号线沿线经过广州多个大型居住组团,发挥为 2 号线、3 号线、4 号线、5 号线客流集散接运的功能,并通过广州南站铁路枢纽连接武广高铁、广深港高铁、南广高铁、贵广高铁、广珠城际铁路、佛莞城际铁路、广佛环线城际铁路等线路,起到为铁路客流集散接运的作用。

▲ 汉溪长隆站剖透视图

■ 项目特点

（1）信号系统国产化。7号线是全国首条真正意义上应用全套国产化信号系统的线路，推动了城市轨道交通关键装备国产化进程。

（2）国内首创配重管片抗浮。大洲车辆段出段线盾构下穿广州南站西广场景观湖段覆土厚度仅3m，管片额外增加446kg/m³的配重钢筋进行抗浮，避免了常规明挖施工带来的借地等前期问题，有效减少整体工程投资。

（3）车站与地域文化结合。番禺区是岭南文化的发源地之一，是著名的"鱼米之乡"，车站设计理念上重点体现此地域特点，按"色、柱、墙"三个维度强化文化表达。全线选取了石壁站、南村万博站、大学城南站3个车站作为特色站，结合周边的人文底蕴在站厅层墙面增加大幅文化墙，多角度全方位诠释岭南的水乡文化。

■ 获奖信息

★ 2019年度全国行业优秀勘察设计奖二等奖
★ 2019年度广东省优秀工程勘察设计奖一等奖
★ 2018年度广州市优秀工程勘察设计奖一等奖

▲ 鹤庄站站台

▲ 汉溪长隆站站厅

广州市轨道交通 8 号线工程
Guangzhou Metro Line 8

线路起止 / 万胜围站 — 滘心站

线路长度 / 33.90km

车站数量 / 28 座

开通时间 / 琶洲站 — 晓港站：2003 年 6 月

万胜围站 — 琶洲站：2005 年 12 月

晓港站 — 凤凰新村站：2010 年 11 月

凤凰新村站 — 文化公园站：2019 年 12 月

文化公园站 — 滘心站：2020 年 11 月

最高运行速度 / 80km/h

车辆编组 / 6A

▲ 陈家祠站站台

■ 项目概况

广州市轨道交通 8 号线是广州建成运营的第 6 条轨道交通线路，于 2010 年经原 2 号线拆分形成首期工程（昌岗站 — 万胜围站），之后，8 号线先西延至凤凰新村站，再向北延至文化公园站，于 2020 年北延至滘心站。现 8 号线呈南北转西东的 L 形走向，串接海珠区、荔湾区、白云区三大组团。线路全长 33.9km，全为地下线；共设 28 座车站，其中换乘站 18 座。

■ 项目特点

（1）土建技术创新。8 号线北延段（文化公园站 — 滘心站）有 9 座车站位于溶（土）洞强烈发育区，个别区间溶（土）洞见洞率达 80%，建设风险和难度极大。项目组研发并成功应用了岩溶区全断面硬岩盾构掘进防坍塌技术、灰岩区深埋隧道裂隙注浆封堵技术、岩溶区地下水位控制技术、顶管施工端头钢板桩加固技术等，为广州地铁的后续盾构施工积累了丰富的实践经验。

（2）机电系统创新。广州地铁首次设置供电设备在线监测系统，首次在曲线站台应用顶置式异物检测系统，首次应用磁悬浮离心式冷水机组，国内外首次采用整体复合绝缘门体。

▲ 彩虹桥站站厅

▲ 陈家祠站鸟瞰效果图

■ 获奖信息

★ 第十七届中国土木工程詹天佑奖
★ 2013年度全国优秀工程勘察设计行业奖一等奖
★ 2013年度广东省优秀工程勘察设计奖一等奖
★ 2010—2011年度广东省优秀工程咨询成果奖一等奖

广州市轨道交通 9 号线工程
Guangzhou Metro Line 9

线路起止　/　飞鹅岭站 — 高增站
线路长度　/　20.10km
车站数量　/　10 座
开通时间　/　2017 年 12 月
最高运行速度　/　80km/h
车辆编组　/　6B

■ 项目概况

广州市轨道交通 9 号线全长 20.1km，共设 10 座车站，其中换乘站 3 座，平均站间距 2.23km。9 号线采用初、近期独立运营的技术标准，在高增站与 3 号线北延段换乘，预留远期与 3 号线贯通运营的条件。

9 号线对于改善广州市北部地区的公共交通条件，加强花都区和中心城区间的联系，促进城市空间结构与功能布局的优化调整，完善城市综合交通体系，均具有重要的意义。

■ 项目特点

（1）岩溶地质。线路溶（土）洞的平均见洞率达 43.4%，最大洞高 19m。为探明空洞情况，全线累计钻孔 3353 个，累计注浆约 43 万 m³，最终建成国内首条岩溶上的地铁。

（2）下穿高铁。广州北站 — 花城路区间盾构需先后下穿设计速度 350km/h 的武广高铁和 160km/h 的京广铁路，穿越相对净距最小仅 1.2m，风险极高。项目组创新采用"全方位高压喷射施工法"，并预先加固铁路路基，再盾构穿越加固体，成功实现"沉降不超过 5mm、绝对不出现隆起"的严苛目标。

▲ 9 号线列车

（3）技术创新。9号线重点在能源管理方面进行创新突破，是广州首次在综合监控大数据平台集成能耗管理系统的轨道交通线路，同时采用了多专业整合UPS（不间断电源）供电方案、蒸发冷凝直膨集成空调系统和智能照明系统，试验应用列车制动再生能量吸收装置等新技术。

■ 获奖信息

★ 2018年度全国优秀工程咨询成果奖三等奖
★ 第十届广东省土木工程詹天佑故乡杯奖
★ 2023年度广东省优秀工程勘察设计奖一等奖
★ 2020年度城市轨道交通技术创新推广项目

▲ 广州北站站厅

▲ 花都广场站站台

广州市轨道交通 13 号线首期工程
Guangzhou Metro Line 13 Phase Ⅰ

线路起止 / 鱼珠站 — 新沙站
线路长度 / 27.03km
车站数量 / 11 座
开通时间 / 2017 年 12 月
最高运行速度 / 100km/h
车辆编组 / 8A

■ 项目概况

广州市轨道交通 13 号线首期工程大致呈东西走向，共设 11 座车站，其中换乘站 4 座；设 1 座车辆段（含控制中心）、2 座主变电站。

13 号线的功能定位为对接穗深城际铁路，加强东部地区与广州中心城区的联系，解决黄埔区和增城区居民的出行问题，对实现城市"东进"和人口向东转移战略提供重要的契机。

■ 项目特点

（1）运得多、跑得快。13 号线是国内第一条采用最高速度 100km/h 的 8 辆编组 A 型车的高运量线路，满足超大客流需求及快速直通的时空目标要求。

（2）广州第一条兼具城区骨干线和市域快线双重功能特点的线路。13 号线西端主要覆盖城市核心区，承担城区骨干线的作用；东端经黄埔区衔接广州东部重镇新塘镇，并在终点站预留向东莞市延伸的条件，可承担市域快线的作用。

（3）客流仿真模拟验证换乘车站方案。国内轨道交通行业首次引入换乘车站客流仿真模拟技术，创建了城市轨道交通换乘车站评估、优化与改造的理论体系与方法，用于指导运营车站设计和改造方案优化。

（4）土建工法"出陈致新"。创新主隧道与中间风井连接方式，减少明挖风井的开挖深度；首次在花岗岩残积土地层采用地下水回灌技术，降低周边建（构）筑物沉降风险；首次采用"预裂爆破+挤压爆破"深孔微差预裂控制爆破技术，解决硬岩段连续墙施工效率低的问题。

▲ 13号线列车

▲ 鱼珠站剖视效果图

▲ 南海神庙站站厅全景图

■ 获奖信息

★ 2020—2021年度国家优质工程奖
★ 2019年度全国行业优秀工程勘察设计奖二等奖
★ 2020年度广东省土木建筑学会科学技术奖一等奖
★ 2019年度广东省优秀工程勘察设计奖一等奖
★ 2019年度城市轨道交通技术创新推广项目

▲ 官湖车辆段联合检修库

广州市轨道交通 14 号线一期工程

Guangzhou Metro Line 14 Phase Ⅰ

线路起止 / 主线：嘉禾望岗站 — 东风站
　　　　　 支线：新和站 — 镇龙站
线路长度 / 76.30km
车站数量 / 22 座
开通时间 / 主线：2018 年 12 月
　　　　　 支线：2017 年 12 月
最高运行速度 / 120km/h
车辆编组 / 6B

■ 项目概况

广州市轨道交通 14 号线一期工程主线全长 54.4km，其中地下线 21.9km、地上线 32.5km；共设 13 座车站，其中地下站 6 座、高架站 7 座。知识城支线（新和站 — 镇龙站）长 21.9km，其中地下线 19.9km、地上线 2.0km，共设 9 座车站（不含新和站）。全线共设 1 座车辆段和 2 座停车场。

14 号线的功能定位为解决从化到广州中心组团的交通需求，兼顾引导白云区、从化区沿线组团的发展，提高从化中心区与镇龙地区居民抵达市中心的出行效率，重点是落实广州"北优"发展战略，支持从化及黄埔九佛片区发展，成为从化与广州中心区快速联系的交通线路。

■ 项目特点

（1）全天候快慢车。首次形成全天候快慢车加主支线贯通运营模式成套综合技术，包括"大站停＋站站停"行车方式、避让线运用原则、后车避让前车方案、高架避让站及地下避让站配线方案等。

（2）长大区间全刚构体系桥梁综合技术。国际首次提出并建成长大区间预制节段拼装全刚构体系桥梁，成套技术成果形成了国家行业标准，达到国际领先水平。

（3）装配式自平衡悬吊体系高架车站。采用装配式自平衡悬吊体系优化城市轨道交通高架车站建筑设计，有效提高空间利用率，便于站厅公共区功能布置，使得室内自然采光通风和建筑节能效果得到最大限度的强化。

（4）新型轨道减振技术。国内首次应用嵌入式连续支承无轨道系统、钢轨高速预打磨工艺、道岔伤损监测系统与高架线多源分频噪声预测方法。

▲ 双岛四线车站效果图

▲ 建成后的150m长V形刚构拱桥

▲ 大跨拱桥悬臂施工

▲ 装配式自平衡悬吊体系高架车站——马沥站

■ 获奖信息

★ 第十九届中国土木工程詹天佑奖

★ 2020—2021年度国家优质工程奖金奖

★ 2021年度全国行业优秀工程勘察设计奖二等奖

★ 2021年度广东省优秀工程勘察设计奖一等奖

★ 2020年度广东省工程勘察设计行业协会科学技术奖一等奖

★ 第十一届广东省土木工程詹天佑故乡杯奖

广州市轨道交通 18 号线工程
Guangzhou Metro Line 18

线路起止 / 万顷沙站 — 冼村站
线路长度 / 61.3km
车站数量 / 9座
开通时间 / 2021年9月
最高运行速度 / 160km/h
车辆编组 / 8D

■ 项目概况

广州市轨道交通 18 号线是全国首条满足地铁服务水平的全地下 160km/h 市域快线,线路全长 61.3km,共设 9 座车站。首通段(万顷沙站 — 冼村站)长约 58.2km,设站 8 座。

18 号线是适应粤港澳大湾区轨道交通一体化发展需求的一种全新应用,是对国家发改委推进市域(郊)铁路发展建设政策的具体实践,填补了国内都市圈快速轨道交通网络层级体系和系统制式的空白,为粤港澳大湾区轨道交通一体化、后续国内各大城市群发展、都市圈快速轨道交通线路建设,发挥了以点带面的重要示范作用。

▲ 陇枕停车场

项目特点

（1）国内首批 160km/h 全地下市域快线，实现都市圈城市快速轨道交通系统高速度等级、大运量、高密度运输服务多重功能。

（2）国内首次采用适应 160km/h 市域快线的钢弹簧浮置板轨道减振系统。

（3）国内首次采用高速等级 CBTC 系统（基于通信的列车自动控制系统）及 LTE（长期演进）技术信号系统，实现高密度追踪、局部共线运营条件下"大站停 + 站站停"组合的灵活运营组织模式。

（4）国内率先采用大带宽光传送网络及云平台搭建通信系统，借助云计算、大数据、宽带无线通信等先进技术，为乘客及运营人员提供多维度、全息化的通信服务。

（5）国内首次按线路级建设及能效目标考核，采用智能环控设备监控系统，实现全线制冷机房综合制冷性能系数大于 5.0，空调系统制冷性能系数大于 3.5。

▲ 湾区蓝市域D型列车

▲ 列车车厢

获奖信息

★ 2022 年度广东省科技进步奖一等奖
★ 2023 年度广东省优秀工程勘察设计奖一等奖
★ 2022 年度城市轨道交通创新推广技术项目
★ 第十五届广东省土木工程詹天佑故乡杯奖
★ 2018—2019 年度广东省优秀工程咨询（科技）成果奖一等奖

▲ 陇枕控制中心大厅

▲ 横沥站站厅

广州市轨道交通 21 号线工程
Guangzhou Metro Line 21

线路起止 / 员村站 — 增城广场站

线路长度 / 61.50km

车站数量 / 21 座

开通时间 / 镇龙西站 — 增城广场站：2018 年 12 月
　　　　　员村站 — 镇龙西站：2019 年 12 月

最高运行速度 / 120km/h

车辆编组 / 6B

■ 项目概况

广州市轨道交通 21 号线采用地上地下结合方式，穿越天河区、黄埔区和增城区，全长 61.5km，其中高架段 12.2km、地下段 49.3km。全线共设 21 座车站、1 座车辆段、2 座停车场、1 座区域控制中心、2 座主变电站。为满足不同建设条件，全线采用多种工法进行施工，包括明挖法、矿山法、预制拼装和节段拼装等。其中高架车站采用设置单独轨道梁的桥建部分结合的形式；地下车站布置合理紧凑，带配线车站充分利用已开挖空间预留物业开发条件。

21 号线突破常规运营模式，创新性地采用快慢车模式运营，力图缩短增城片区公共交通出行时间。目前，慢车全线旅行时间 67min，快车全线旅行时间 53min，实现了增城区至广州中心区 1h 可达的时空目标。

▲ 朱村站鸟瞰图

■ 项目特点

（1）线路、行车设计创新。线路设计充分考虑沿线地质和周边环境因素，合理采用地下、地面和高架相结合方式铺设。同时，采用快慢车运营模式，满足乘客出行的多样性需求，助力增城挺进大湾区"1 小时生活圈"。

（2）首次采用装配式地下车站。首次在南方富水地区采用装配式地下车站结构，有效提高施工效率、缩短工期，同时大幅度改善施工环境，提高绿色施工水平。

（3）创建绿色车站。金坑站是全国首座获得三星级绿色建筑认证的地铁车站，树立了国内地铁车站绿色建造的"标杆"。

▲ 山岭隧道洞口

■ 获奖信息

★ 2021 年度全国行业优秀工程勘察设计奖二等奖

★ 2021 年度广东省优秀工程勘察设计奖一等奖

★ 2020 年度城市轨道交通技术创新推广项目

★ 2020 年度广州市优秀工程勘察设计奖一等奖

轨道交通篇

▲ 长平站夜景鸟瞰图

▲ 山田站整体立面

▲ 天河智慧城站站厅

▲ 山钟区间

▲ 增城广场站站厅

035

广州市珠江新城旅客自动输送系统
Guangzhou Metro APM Line

线路起止 / 广州塔站 — 林和西站

线路长度 / 3.94km

车站数量 / 9座

开通时间 / 2010年11月

最高运行速度 / 60km/h

车辆编组 / CX-100型2节（预留3节）

■ 项目概况

广州市珠江新城旅客自动输送系统（又称广州地铁APM线）串联了天河商贸区、珠江新城CBD和广州塔等重要商务旅游区，是国内第一条真正实现无人驾驶全自动运行的市政公共交通。

该线由广州地铁设计研究院承担勘察设计总承包任务，采用自主设计的胶轮—混凝土走行道系统方案，与常规轨道交通有较大区别，填补了我国在轨道交通制式应用上的一项空白，在广州乃至全国轨道交通工程中创造了多个第一。

■ 项目特点

（1）无人驾驶。国内首条采用自动导向轨道系统的市政公共交通线路。首次在圆形隧道内建设APM轨道结构，提供了包括排水与车辆及其他专业在内的成套设计施工方案。

（2）振动和噪声小。胶轮—混凝土走行道系统具有运行振动和噪声小的特点，适用于穿越珠江新城中央商务区等敏感地段。由于无须采取额外轨道减振措施，全线轨道结构统一，且避免了钢轮—钢轨系统需采取3级减振类型轨道而引起的养护维修等问题。

（3）机电系统创新。采用创新型隧道通风系统、自动灭火系统、自动售检票系统、综合监控系统等；引用外部电源、冷源，与沿线的地下空间合建，实现室内空间与室外出入口资源共享。

■ 获奖信息

★ 2013年度全国优秀工程勘察设计行业奖二等奖

★ 2013年度广东省优秀工程勘察设计奖一等奖

★ 2012年度广州市优秀工程勘察设计奖一等奖

▲ 黄埔大道站地面

▲ 广州地铁APM线隧道

▲ 广州塔站站厅

▲ 广州塔站站台

▲ 天河南站站台

▲ 林和西站（站厅、站台同层）

▲ 停车场全景图

广州市海珠区环岛新型有轨电车试验段工程
Guangzhou Tram Haizhu Line 1

线路起止 / 万胜围站 — 广州塔站

线路长度 / 7.70km

车站数量 / 11 座

开通时间 / 2014 年 12 月

最高运行速度 / 70km/h

车辆编组 / 4 模块有轨电车（预留 6 模块）

■ 项目概况

广州市海珠区环岛新型有轨电车试验段（现称广州海珠有轨电车 1 号线）是世界首条全区间无接触网、超级电容储能式有轨电车线路，连接国际会展中心、中央商务区、广州塔等核心地标，线路全长约 7.7km，全地面敷设，共设 11 座车站，1 座停车场。

该线在储能式有轨电车关键技术集成方面达到了国际领先水平，打造了国内首个低碳、环保、绿色、亲民的人居生态线，被中国中央电视台评价为"最美的 7.7km"。

■ 项目特点

（1）技术领先。国际首次采用超级电容储能 100% 低地板钢轮钢轨新型有轨电车，率先采用无架空接触网、超级电容 30s 快速充电、耐磨槽型钢轨、轨道自备减振降噪等新技术。

（2）自主设计。国内率先自主设计成套充电系统和智能化信号系统，国内首次实现电车停站期间即可利用超级电容储能完成充电，以及在所有路口实现信号绝对优先。

（3）绿色、环保、便捷。项目建设达到了发展绿色、环保、便捷的新型公交系统要求，贯彻了"低碳经济、智慧城市、幸福生活"的城市发展目标，起到了加强海珠区城市重要服务设施间的交通联系，为市民出行和提升海珠区现代化交通服务水平起到了重要推进作用，具有先行先试的示范性。

■ 获奖信息

★ 2017 年度全国优秀工程勘察设计行业奖一等奖

★ 2017 年度广东省市政行业协会科学技术奖特等奖

★ 2017 年度广东省优秀工程勘察设计奖一等奖

★ 2017 年度城市轨道交通技术创新推广项目

▲ 会展西站夜景

▲ 磨碟沙停车场鸟瞰图

▲ 跨黄埔涌桥段

▲ 有轨电车车站

▲ 会展中站

▲ 海珠区新型有轨电车

深圳城市轨道交通 9 号线工程
Shenzhen Metro Line 9

线路起止 / 前湾站 — 文锦站
线路长度 / 36.26km
车站数量 / 32 座
开通时间 / 红树湾南站 — 文锦站：2016 年 10 月
　　　　　 前湾站 — 红树湾南站：2019 年 12 月
最高运行速度 / 80km/h
车辆编组 / 6A

▲ 车辆段上盖绿化恢复施工

▲ 红树湾南站 —— 9号线和11号线同站台换乘

▲ 预埋滑槽

■ 项目概况

深圳城市轨道交通 9 号线自西向东，串联起深圳湾公园、下沙、车公庙、景田、下梅林、上梅林、泥岗、红岭、鹿丹村等多个成熟片区，是深圳实现南北贯通、东拓西联，缓解交通拥堵，实现城市综合发展的骨干线路。

本项目包含一期工程和二期工程，一期工程线路全长约 25.46km，全地下铺设，共设 22 座车站，1 段 1 场，工程总投资约 232 亿元。二期工程全长约 10.8km，均为地下线，共设 10 座车站，工程总投资约 100.2 亿元。

■ 项目特点

（1）国内首创高精度液体阻尼预制钢弹簧浮置板。
（2）国内首条全线采用盾构区间预埋滑槽技术的地铁线路。
（3）国内首次设计建造车站 9m 站台大跨度无柱结构。
（4）国内首次提出抛石填海地区地铁车站围护结构设计方法。
（5）创新研发了高承载力微型钢管桩托换、复杂条件下的盾构过锚索区等新工艺，推进了盖挖逆作法、钢管柱永临结合、钢管柱 HPE 液压垂直插入法等技术的发展和应用。

■ 获奖信息

★ 2020 — 2021 年度国家优质工程奖金奖
★ 2019 年度全国行业优秀勘察设计奖一等奖
★ 2019 年度广东省优秀工程勘察设计奖一等奖

▲ 文锦站D出入口、风亭、冷却塔集中融合设计

▲ 人民南站无柱站厅

深圳城市轨道交通 20 号线一期工程
Shenzhen Metro Line 20 Phase I

线路起止　/　会展城站 — 机场北站

线路长度　/　8.43km

车站数量　/　5 座

开通时间　/　2021 年 12 月

最高运行速度　/　120km/h

车辆编组　/　8A

■ 项目概况

深圳城市轨道交通 20 号线一期工程线路全长约 8.43km；共设 5 座车站，其中换乘站 3 座，均为地下车站；设机场北车辆段 1 座，控制中心设置在轨道交通网络运营控制中心（NOCC）内；设 1 座主变电所，与 11 号线共用机场北主变电站。

20 号线一期工程是全球最大会展中心深圳国际会展中心的市政配套项目，20 号线列车设计最高速度 120km/h，是深圳地铁迈入无人驾驶时代的标志之一。线路同时与多条轨道交通衔接，连通机场枢纽和深圳西部轨道枢纽，实现与穗深城际铁路的换乘，成为构建区域综合交通体系的重要部分。

■ 项目特点

（1）全自动运行。深圳首条实现载人运营的列车全自动运行线路，20 号线采用"车 — 车"通信技术，实现灵活高效的列车调度指挥，大幅提升轨道交通安全水平、运行效率，降低运营成本，相关技术达到国际领先。

（2）智能化的智慧地铁。国内首条从信息化建设、全自动运行、智慧服务、智慧管理、智能运维、一体化安防及绿色高效节能环保七个维度，系统构建数字化、网络化、智能化的"智慧地铁"线路。

▲ 线路标准站台

▲ 地铁全自动驾驶车头

▲ 智能客服中心

轨道交通篇

▲ 20号线会展片区风亭

▲ 会展城站无柱站厅

▲ 国展站艺术建筑（融·荣）

■ 获奖信息

★ 2023年度广东省优秀工程勘察设计奖一等奖
★ 2023年度广东省土木建筑学会科学技术奖二等奖

佛山市城际轨道交通广佛线工程
Guangfo Metro Line

线路起止 / 新城东站（佛山）—沥滘站（广州）
线路长度 / 37.96km
车站数量 / 25座
开通时间 / 魁奇路站（佛山）—西朗站（广州）：2010年11月
　　　　　西朗站（广州）—燕岗站（广州）：2015年12月
　　　　　新城东站（佛山）—魁奇路站（佛山）：2016年12月
　　　　　燕岗站（广州）—沥滘站（广州）：2018年12月
最高运行速度 / 80km/h
车辆编组 / 4B

▲ 车辆段鸟瞰效果图

■ 项目概况

佛山市城际轨道交通广佛线起于广州市的沥滘站，途经广州市海珠区、荔湾区和佛山市的禅城区、南海区、顺德区，贯穿广东金融高新技术服务区和广佛都市圈，止于佛山市的新城东站，大致呈"厂"字形走向。线路全长37.96km（未含折返线0.54km），其中佛山市内21.47km、广州市内17.03km，均为地下线；共设置25座车站，其中佛山市15座、广州市10座。

广佛线作为国内第一条跨越地级行政区的城际地铁线路，是广东省实施珠三角经济圈、广佛一体化建设及广佛同城的重要战略部署之一，在两城的政治、经济、文化交流中起着关键作用。

■ 项目特点

（1）国内首次实现线路不停运拆解延伸。
（2）国内首次采用环控系统优化设计。
（3）国内首次成功应用轨道交通均匀送风、车站结合轨排井和接触网设置弹性底座等设计优化技术。
（4）国内首次实现轨道交通车站与物业完全结合开发设计。
（5）国内轨道交通项目首次接入城市消防联动远程中心。

▲ 明亮的车站站厅

▲ 金融高新区效果图

▲ 同济站出入口

▲ 同济站出入口效果图

▲ 桂城站站台

■ 获奖信息

- ★ 2013年度全国优秀工程勘察设计行业奖二等奖
- ★ 2012年度全国优秀工程咨询成果奖三等奖
- ★ 2010—2011年度广东省优秀工程咨询成果奖一等奖
- ★ 第十一届广东省土木工程詹天佑故乡杯奖
- ★ 2013年度广东省优秀工程勘察设计奖二等奖

佛山市城市轨道交通 3 号线工程
Foshan Metro Line 3

线路起止 / 顺德港站 — 佛科院仙溪校区站
线路长度 / 69.50km
车站数量 / 38 座
开通时间 / 顺德学院站 — 镇安站：2022 年 12 月
最高运行速度 / 100km/h
车辆编组 / 6B

■ 项目概况

佛山市城市轨道交通 3 号线为佛山轨道交通线网中的南北骨干线，线路全长 69.5km；共设 38 座车站，其中高架站 3 座、地下站 35 座；全线设置 1 段 2 场。信号采用移动闭塞制式，正线供电采用 DC1500V 刚性架空接触网。首通段（顺德学院站—镇安站）线路长 40.72km，设 22 座车站，其中高架站 2 座、地下站 20 座。

3 号线首通段是佛山迎来的第 4 条地铁线。通车后，它将广佛线、佛山市城市轨道交通 2 号线一期工程、广州市轨道交通 7 号线西延顺德段串联在一起，实现全面衔接换乘。

■ 项目特点

（1）衔接佛山交通枢纽。3 号线衔接佛山各大交通枢纽，其中包含与航运衔接的佛山机场站，与国铁衔接的佛山火车站、佛山火车西站，以及与城际铁路衔接的容桂站、北滘站。

（2）水系复杂。3 号线多次穿越各级水系，其中穿越航道级水系 4 次，下穿容桂水道为一级航道、东平水道为二级航道、佛山水道为五级航道，上跨顺德水道为三级航道，工程风险高。

■ 获奖信息

★ 2014 — 2015 年度广东省优秀工程咨询成果奖二等奖

▲ 东平站效果图

▲ 大良钟楼站站厅公共区

▲ 东平站站厅公共区

南京地铁机场线工程
Nanjing Metro Airport Line

线路起止 / 禄口机场站 — 南京南站
线路长度 / 35.80km
车站数量 / 8座
开通时间 / 2014年7月
最高运行速度 / 100km/h
车辆编组 / 6B

■ 项目概况

南京地铁机场线（即南京地铁S1号线）位于南京市城镇空间布局结构中的宁高综合交通走廊形成的南北向城镇发展轴上，是联系南京南站、禄口国际机场两大交通枢纽的主要通道。线路全长35.8km，其中地下线18.2km、地面线和过渡段0.7km、高架线16.9km；共设8座车站，其中高架站3座、地下站5座；设车辆段1座；与其他5条城市轨道交通线路合设控制中心1个。

该项目在理论、技术和工法等方面取得了较大创新和突破，具有国际先进水平，对国内机场线的设计、施工均具有指导和借鉴意义。

■ 项目特点

（1）南京首条6B编组、速度100km/h线路，连接华东最大交通枢纽之一南京南站和禄口国际机场枢纽。
（2）创新性地采用GPST工法（地面出入式盾构法隧道新技术）和简支U形梁结构。
（3）南京第一次真正意义上实现控制中心资源共享方案设计。
（4）南京首条引入吸气式感烟探测器和感温光纤探测技术的线路。
（5）南京第一条深化集成的综合监控系统地铁线路。

▲ 南京南站效果图

▲ 翠屏山站站台

▲ 禄口机场站站台

轨道交通篇

▲ 禄口机场站交通大厅效果图

▲ 南京南站

▲ 控制中心

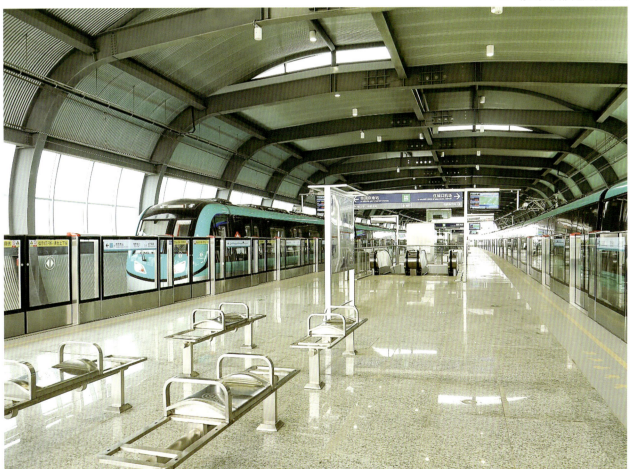

▲ 高架站

■ 获奖信息

★ 第十五届中国土木工程詹天佑奖
★ 2016—2017年度国家优质工程奖
★ 2015年度全国优秀工程勘察设计奖一等奖
★ 2015年度广东省优秀工程勘察设计奖一等奖

049

无锡地铁 3 号线一期工程
Wuxi Metro Line 3 Phase I

线路起止 / 苏庙站 — 硕放机场站

线路长度 / 28.50km

车站数量 / 21 座

开通时间 / 2020 年 10 月

最高运行速度 / 80km/h

车辆编组：6B

■ 项目概况

无锡地铁 3 号线一期工程是西北 — 东南向的一条骨干线路，跨越惠山区、梁溪区、新吴区等各重要板块，串联无锡火车站、无锡新区站、苏南（无锡）硕放机场站等重要枢纽。线路全长 28.5km，均为地下线；共设 21 座车站，设幸福停车场和硕放车辆段各 1 座以及主变电站 2 座，与 1 号线、2 号线共享控制中心；牵引供电制式采用 DC1500V 接触轨。3 号线为国内首条采用顶管法施工区间联络通道的地铁线路。

■ 项目特点

（1）二次结构装配技术。3 号线采用二次结构（楼梯、站台板和轨顶风道）全预制装配技术，解决了现浇中土建施工二次进场、施工空间狭小、占用后期机电设备安装和装修时间等问题，有效提高了施工质量和效率，降低了施工成本，改善了施工环境。

（2）预埋槽道技术。盾构隧道管片采用预埋槽道技术，具有延长隧道使用寿命、提高设备安装效率、改善安装环境、抗腐蚀和耐久性好、抗振动和抗疲劳性强等优势。

（3）车站层高优化。通过优化通风管道布置，站厅层和站台层层高较常规设计分别压缩 400mm 和 200mm，有效减少了车站埋深，经济效益及社会环境效益明显。

■ 获奖信息

★ 2014 — 2015 年度广东省优秀工程咨询成果奖二等奖

★ 2021 年度无锡市城乡建设系统优秀勘察设计奖一等奖

▲ 硕放机场站站厅

▲ 硕放机场站与机场换乘厅

▲ 盛岸站站台

▲ 顶管法联络通道

▲ 高浪东路站站厅

苏州市轨道交通 5 号线工程
Suzhou Rail Transit Line 5

线路起止　/　太湖香山站 — 阳澄湖南站

线路长度　/　44.10km

车站数量　/　34 座

开通时间　/　2021 年 6 月

最高运行速度　/　80km/h

车辆编组　/　6B

▲ 苏州奥体中心站站厅

▲ 劳动路站换乘通道

■ 项目概况

　　苏州市轨道交通 5 号线西起太湖度假区，东至阳澄湖南岸，是国内首条全场景文化旅游特色轨道交通线路。线路全长 44.1km，共设 34 座车站。作为线网中东西向的骨干线路，5 号线的建设可缓解古城交通压力，加强金鸡湖东西两岸的联系，缓解 1 号线的运能不足。

　　5 号线以"智慧、安全、绿色、人文"为设计理念，结合苏州古城地域及文化特色，以"水映新苏"为装修设计主题，是一条极具苏州水乡特色的轨道交通线路。

■ 项目特点

（1）国内首座中庭无柱地铁车站。

（2）国内首创不配筋预制轨道板快速施工技术。

（3）国内地铁首次采用直流智能照明系统。

（4）国内首次将预制钢筋混凝土空心板梁用于地下车站施工期间的临时道路系统。

（5）江苏省首条全自动运行地铁线路。

（6）江苏省首座结合 BIM（建筑信息模型）技术的无吊顶地下车站。

▲ 苏州奥体中心站站厅装饰

■ 获奖信息

★ 2022 年度城市轨道交通创新推广技术项目

★ 2023 年度广东省优秀工程勘察设计奖一等奖

▲ 灵岩山站站台

宁波市轨道交通 3 号线一期工程
Ningbo Rail Transit Line 3 Phase I

线路起止 / 高塘桥站—大通桥站
线路长度 / 16.73km
车站数量 / 15座
开通时间 / 2019年6月
最高运行速度 / 80km/h
车辆编组 / 6A

■ 项目概况

宁波市轨道交通3号线一期工程是南北向的骨干线，线路全长16.73km，均为地下线；共设15座车站，其中换乘站6座，平均站间距约1.20km；设首南车辆段1座，与1号线共享樱花公园主变、与2号线共享双桥主变。

3号线一期工程与1号线、2号线共同构成宁波轨道交通的主骨架，形成放射状的 * 形网络，进一步奠定宁波轨道交通网络化发展格局。3号线一期工程对于缓解鄞州南部新城的交通压力，带动沿线及站点覆盖区域的城市工程提升，引导城市外围组团发展，具有十分重大的作用。

▲ 仇毕站与周边地块结建开发图

■ 项目特点

（1）国内首次运用类矩形盾构法技术。出入段线隧道采用当时全球最大断面类矩形盾构法工艺，充分验证了极软弱地层和超大断面类矩形盾构隧道技术的可行性，为后续2号线、4号线等工程全面推广类矩形盾构工法奠定了基础。

（2）国内轨道交通工程中首次运用机械法联络通道技术。鄞州区政府 — 南部商务区等区间联络通道采用机械法施工，有效降低施工风险、提高施工效率、降低工程造价及对周边环境影响等。

（3）国内轨道交通工程中首次全面运用内置式泵房。废水泵房设置在区间隧道内，利用线路最低点道床及隧道结构空间作为集水池，有效降低区间隧道的施工风险，同时联络通道的平面位置选择更为灵活，有良好的经济效益。

（4）车站与周边地块物业开发深度结合。全线多个车站与周边地块物业开发，同步设计、分期实施，地铁车站与周边物业的无缝衔接，实现综合效益最大化。

■ 获奖信息

★ 第十九届中国土木工程詹天佑奖
★ 2021年度全国行业优秀勘察设计奖二等奖
★ 2021年度广东省优秀工程勘察设计奖一等奖

▲ 儿童公园站与周边地块共同开发效果图

▲ 樱花公园站站厅

▲ 体育馆站站厅

▲ 鄞州区政府站站厅

福州市轨道交通 2 号线工程
Fuzhou Metro Line 2

线路起止 / 苏洋站 — 洋里站

线路长度 / 30.17km

车站数量 / 22 座

开通时间 / 2019 年 4 月

最高运行速度 / 80km/h

车辆编组 / 6B

▲ 停车场上盖物业开发意向图

▲ 站点综合物业开发意向图

▲ 装修美轮美奂

▲ 公共区 T 形楼梯与观光电梯组合

■ **项目概况**

福州市轨道交通2号线工程为东西骨干线，贯穿福州城市东西，线路起自闽侯县苏洋站，穿仓山区、台江区、鼓楼区，东达晋安区洋里站。线路全长约30.17km，均为地下线；共设车站22座，其中换乘站5座，平均站间距约1.40km。2号线与1号线在市中心的南门兜站交汇实现换乘，大大缓解了中心城区的交通压力，并将大型居住区、商务区、大学城、历史文化风景区、高新技术开发区等紧密相连。

■ **项目特点**

（1）新型B型车。根据海西地区气候、人文地理环境和线路技术条件，为2号线量身研制的新型B型地铁车辆，具有轻量化、耐高温、启动快、制动准等特点。该车为4动2拖6辆编组，最大载客量1880人，最高运行速度80km/h。

（2）深厚砂层基坑水平封底。桔园洲站范围内砂层极深，国内首次采用旋喷桩水平封底隔断承压水，减少了地下连续墙的深度。

（3）超长联络通道冻结法施工。紫阳—五里亭区间联络通道和上洋—鼓山区间联络通道分别长66m和43m，是目前国内第一和第二长的冻结法施工联络通道。

■ **获奖信息**

★ 2021年度广东省优秀工程勘察设计奖一等奖

▲ 福州大学站站厅公共区LED照明光源

南昌市轨道交通 2 号线一期及南延线工程

Nanchang Metro Line 2 Phase I and South Extension Section

线路起止 / 南路站 — 辛家庵站

线路长度 / 31.51km

车站数量 / 28 座

开通时间 / 南路站 — 地铁大厦站：2017 年 8 月

地铁大厦站 — 辛家庵站：2019 年 6 月

最高运行速度 / 80km/h

车辆编组 / 6B

■ 项目概况

南昌市轨道交通 2 号线途经红谷滩区、东湖区中西部、西湖区东北部和青山湖区中西部，以赣江为界，在西岸大体呈南北走向，在东岸呈东西走向。线路全长 31.51km，共设 28 座车站，其中换乘站 6 座；设 2 座主变电站、1 座综合基地。在南昌地铁大厦设置控制中心 1 座，实现全线网资源共享。供电系统采用 110/33kV 两级电压制的集中供电方式，牵引供电系统采用直流 1500V 供电。

■ 项目特点

（1）线路连通南昌西站和南昌火车站，实现综合交通枢纽一体化设计。

（2）充分贯彻"地铁 + 物业"TOD 发展理念，共计 10 座车站考虑物业开发。

（3）国内首次成功实现富水砂层中地铁隧道托换跨江大桥并盾构切削桥桩。

（4）系统性解决富水砂层中多维空间受限条件下的结构设计问题。

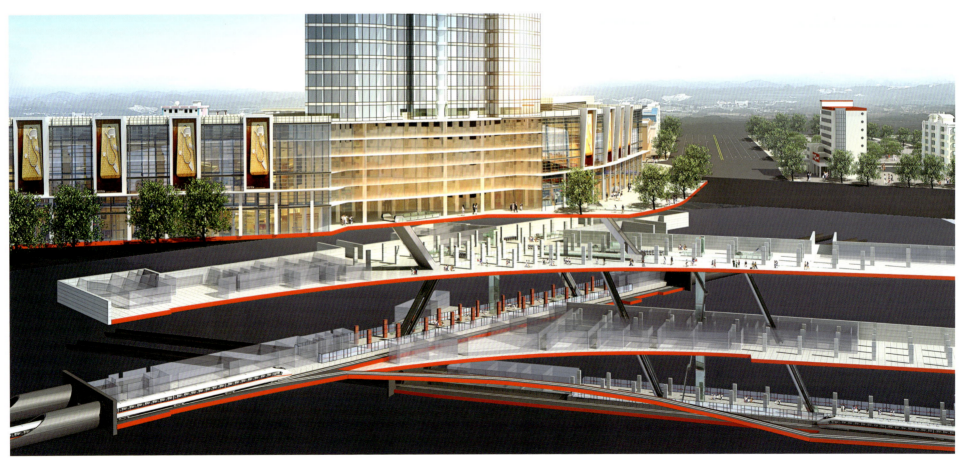

▲ 车站剖透视效果图

■ 获奖信息

★ 2021年度江西省优秀市政公用工程设计奖一等奖
★ 2016—2017年度广东省优秀工程咨询成果奖二等奖
★ 2020年度广州市优秀工程勘察设计奖一等奖

▲ 国体中心站

▲ 地铁大厦物业开发剖视图

郑州市轨道交通 6 号线一期工程
Zhengzhou Metro Line 6 Phase I

线路起止 / 贾峪站 — 常庄站

线路长度 / 17.63km

车站数量 / 10 座

开通时间 / 2022 年 9 月

最高运行速度 / 80km/h

车辆编组 / 初、近期 4/6A，远期 6A

■ 项目概况

郑州市轨道交通 6 号线一期工程为一条由西南向东北方向敷设的轨道交通骨干线，全长 17.63km，设车站 10 座，其中高架站 1 座，设停车场 1 座。

项目功能定位为强化中原区、二七区与郑东新区之间的轨道交通联系，增加跨陇海铁路的通行能力，对于拉开郑州市轨道交通框架、扩大服务区域、提升服务水平均有较大的意义。

■ 项目特点

（1）"起伏地貌·巧用高差"，和谐融入自然山水。在洞林湖片区创新性地按"陡坡 + 缓坡"组合的方式，短距离内集合高架、浅埋暗挖、明挖、盾构、地基多种敷设技术的设计理念及同心圆的设计方法，将 70m 地势高差、架空高压线控高、入洞口选择等多重难题巧妙化解为设计亮点，并成功打造了位于地面的洞林湖站"一站一景"，以流线型的建筑形态、梦幻开阔的内部空间，与洞林湖畔的优美湖滨生态居住环境完美融为一体。

（2）"流光溢彩·魅力新城"，文化传承视觉盛宴。装修以"现代半裸装"风格为主，强调天墙一体化塑造的装饰结构形式，并以极具识别性的线路色"儒雅紫"贯穿全线，塑造出时尚、灵动的梦幻空间。

（3）"运力评估·优化换乘"，精准提升服务水平。首次提出"运力评估"概念，精准贴合 6 号线客流特征，量身打造设施配置，提高了换乘效率，控制了车站规模，优化了运营服务水平。

▲ 洞林湖站日景

▲ 洞林湖站夜景

▲ 洞林湖站站厅

▲ 河南建院站站厅

▲ 安宁路站站厅

▲ 常庄站站台

▲ 洞林湖站站台

长沙市轨道交通 4 号线一期工程
Changsha Metro Line 4 Phase I

线路起止 ／ 罐子岭站 — 杜家坪站
线路长度 ／ 33.5km
车站数量 ／ 25 座
开通时间 ／ 2019 年 5 月
最高运行速度 ／ 80km/h
车辆编组 ／ 6B

■ 项目概况

长沙市轨道交通 4 号线一期工程整体呈西北至东南走向，全长 33.5km，均为地下线；共设 25 座车站，其中换乘站 13 座；设车辆段和停车场各 1 座；设主变电站 2 座、控制中心 1 座，均与 2 号线共享。

线路连接望城区、岳麓区、天心区和雨花区，是主城区对外辐射西北、东南的骨干线，快速串联高星组团、城市主中心和黄黎组团，覆盖湘江以西沿江交通走廊，引导城市向西北、东南拓展。

▲ 汉王陵公园站

▲ 湖南大学站站台

■ 项目特点

（1）频繁穿越敏感区域。4 号线下穿"一江三河两铁两隧"（即湘江、浏阳河、龙王港、圭塘河、石长铁路、京广铁路、营盘路湘江隧道、南湖路湘江隧道）以及汉代长沙王陵墓群、北津城遗址、岳麓山国家风景名胜区等，上跨长株潭城际铁路和已运营的 1 号线、2 号线，风险高、难度大。采用多工艺结合的方法成功克服了各类穿越难题，确保了施工安全。

（2）"皮肤式"防水技术。汉王陵公园站采用了"皮肤式"防水技术，其设计的防水层就像生长在混凝土表面的皮肤，具有黏结力强、无搭接缝、抗拉耐刺等特点，在断裂伸长率、黏结力及耐久性等指标方面较常规外包防水具有显著优势。

▲ 观沙岭站站厅效果图

▲ 观沙岭站站台效果图

▲ 观沙岭站透视图

■ **获奖信息**

★ 2021年度广东省优秀工程勘察设计奖一等奖
★ 2020年度广州市优秀工程勘察设计奖一等奖

南宁市轨道交通 1 号线一期工程
Nanning Rail Transit Metro Line 1 Phase I

线路起止 / 石埠站 — 火车东站
线路总长度 / 32.10km
车站数量 / 25 座
开通时间 / 2016 年 12 月
最高运行速度 / 80km/h
车辆编组 / 6B

■ 项目概况

南宁市轨道交通 1 号线一期工程全长 32.1km；共设 25 座车站，均为地下站，其中换乘站 6 座；设 1 座车辆段、1 座停车场、1 座控制指挥中心、2 座主变电站。

1 号线是南宁市第一条建成运营的城市轨道交通线路。1 号线一期工程设计采取了一系列创新，节约了工程投资，缩短了建设周期，提高了工程质量，同时也提高了运营的安全性和可靠性，降低了运营能耗。

▲ 屯里车辆段鸟瞰效果图

▲ 整装中的车辆

▲ 屯里车辆段U形槽雨棚

▲ 火车站同台换乘效果图

▲ 火车东站站厅

■ **项目特点**

（1）采用车站与综合交通枢纽一体化设计，在国内首次实现地下商业开发的"四同步"。
（2）提出了连续两站同站台线路的设计方法，采用同站台或平行换乘方式实现快速便捷换乘。
（3）创新设计思路，将"壮锦文化"与工业化结合，体现"以人为本，彰显民族特色"的设计理念。
（4）全生命周期采用BIM技术。
（5）国内首创采用蓝牙技术进行进出站检票。

■ **获奖信息**

★ 2019年度全国行业优秀勘察设计奖一等奖
★ 2018年度全国优秀工程咨询成果奖二等奖
★ 2019年度广东省优秀工程勘察设计奖一等奖

南宁市轨道交通 3 号线一期工程
Nanning Rail Transit Metro Line 3 Phase I

线路起止 / 科园大道站 — 平良立交站

线路长度 / 27.96km

车站数量 / 23 座

开通时间 / 2019 年 6 月

最高运行速度 / 80km/h

车辆编组 / 6B

■ 项目概况

南宁市轨道交通 3 号线一期工程全长 27.96km，共设 23 座车站，其中换乘站 7 座，均为地下车站；设 1 座车辆段、1 座停车场、2 座主变电站。

3 号线是城市西北 — 东南方向的骨干线，串联四大城区及两大开发区，满足南宁市"完善江北、提升江南、重点向南"的战略拓展需要，对于拉开城市布局，进一步完善轨道交通线网，支持五象新区的建设有极为重要的作用。3 号线的建成，缓解了城市交通拥堵，使南宁地铁正式进入网络化运营的全新时代，积极推动南宁区域经济社会高质量发展。

■ 项目特点

（1）超深地下车站。3 号线青秀山站站前区间下穿青秀湖，站后区间下穿邕江，车站最大底板埋深约 65.4m，是华南地区最深车站。

（2）全国第一座海绵车辆段。心圩车辆段采用"渗、滞、蓄、净、用、排"设计理念，充分利用场地条件，打造"生态海绵、绿色环保"的海绵车辆段，相关技术及经验全国领先。

（3）站内绿化。公共区装修创新提出站内绿化设计理念，在站内公共区布置各种景观绿植，自动净化站内空气，减少浮尘度和有毒有害物质，对美化站内环境、消除视觉疲劳、提高乘客舒适度和满意度有明显效果。

▲ 总部基地站出入口

▲ 心圩车辆段鸟瞰图

▲ 长堽路站地铁之眼

▲ 青秀山站站厅

■ 获奖信息

★ 第二十届中国土木工程詹天佑奖

★ 2020年度广西优秀工程勘察设计奖一等奖

★ 2020年度广州市优秀工程勘察设计奖一等奖

西安市地铁4号线工程
Xi'an Metro Line 4

线路起止 / 航天新城站 — 西安北站

线路长度 / 35.20km

车站数量 / 29座

开通时间 / 2018年12月

最高运行速度 / 80km/h

车辆编组 / 6B

■ 项目概况

西安市地铁4号线连接西安站和西安北站等大型综合交通枢纽，续接机场城际铁路，是西安市南北向骨干客运交通走廊。线路全长35.2km，均为地下线；共设29座车站，其中换乘站11座；总投资238.22亿元。4号线大部分区间与2号线平行，缓解了2号线在西安市区的客流压力，对于西安市南北向客流转换起到了积极的辅助和补充作用。

■ 项目特点

（1）首次提出一整套地铁工程与文物遗址"近而不进"的和谐发展理念与方法，创新古建筑振动控制关键技术。

（2）攻克饱和软黄土地层大断面暗挖隧道下穿西安火车站咽喉区道岔群关键技术和地铁穿越大厚度湿陷性黄土关键技术。

（3）针对工程多次穿越地裂缝，创新"骑缝"设置模式，实现了"分段处理、预留净空、柔性接头、特殊防水"的设防理念。

（4）创造了分离岛式 — 先隧后站、多网融合的车站一体化设计方案，与国铁枢纽采用一体化设计，实现同层换乘，与国铁快速进站厅无缝衔接。

（5）首创以"丝路长安"为主题的装修设计理念，延续融汇古今的装修风格和艺术地铁的设计理念，展示了汉唐盛世和现代文明。

■ 获奖信息

★ 第十九届中国土木工程詹天佑奖

★ 2020—2021年度国家优质工程奖

★ 2021年度广东省优秀工程勘察设计奖一等奖

▲ 西安北站站台

▲ 航天新城站站台

轨道交通篇

▲ 大唐芙蓉园站站厅

▲ 大雁塔站站台

▲ 航天大道站人文景观墙

1.3 车站

1.3.1 地下车站
Underground Stations

广州市轨道交通 1 号线 —— 坑口站
Guangzhou Metro Line 1 — Kengkou Station

建造地点 / 广州市荔湾区
总建筑面积 / 1.22 万 m²
站台形式 / 侧式站台
有效站台长度 / 140m
建成时间 / 1997 年

■ 项目概况

坑口站是广州市轨道交通 1 号线的第二个车站，毗邻坑口村，为地面两层侧式站台车站，首层为站台层，二层为站厅层，设备用房设于站台两侧及站厅层的北侧。站厅层楼板中部大面积打开，形成巨大中庭，通过站厅公共区可俯视站台候车区。车站顶板为大跨度圆拱结构，两侧边墙设通风采光窗。

▲ 列车到站

■ 获奖信息

★ 1999 年度广东省第九次优秀工程设计奖三等奖
★ 1998 年度广州市优秀工程设计奖二等奖
★ 1999 年度广州市建设系统科技进步奖二等奖

▲ 坑口站

广州市轨道交通 2 号线 —— 越秀公园站
Guangzhou Metro Line 2 — Yuexiu Park Station

建造地点 / 广州市越秀区
总建筑面积 / 1.43 万 m²
站台形式 / 岛式站台
有效站台长度 / 140m
建成时间 / 2003 年

■ 项目概况

广州市轨道交通 2 号线越秀公园站为两端明挖、中间暗挖的地下三层分离岛式车站，站厅层设在明挖段的顶层，站台层设在明挖段的底层，并分别与暗挖段站台相连，设备层设在明挖段的中间层。车站两侧站台间设 4 条联络横通道，并设有 1 条纵向通道。车站施工期间确保了站位所在市区主干道交通不中断。

■ 获奖信息

★ 2005 年度广东省优秀工程设计奖一等奖
★ 2004 年度广州市优秀工程设计奖一等奖

▲ 站厅至站台暗挖通道

▲ 站台剖视效果图

广州市轨道交通 2 号线、6 号线 —— 海珠广场站
Guangzhou Metro Line 2 & Line 6 — Haizhu Square Station

建造地点 / 广州市越秀区
总建筑面积 / 2 号线：1.43 万 m²
　　　　　　6 号线：1.08 万 m²
站台形式 / 岛式站台
有效站台长度 / 2 号线：140m
　　　　　　　6 号线：72m
建成时间 / 2 号线：2003 年
　　　　　6 号线：2013 年

■ 项目概况

海珠广场站为广州市轨道交通 2 号线与 6 号线的换乘站。2 号线车站站台宽 12m，线路埋深 23m，设计为四层双柱三跨结构，地下一层为站厅层，地下二、三层为设备层，地下四层为站台层。6 号线车站采用局部明挖、三层站台暗挖的施工方式，通过站厅层和站台层西端设换乘通道与 2 号线实现换乘。

▲ 2号线车站站台全景

▲ 2号线车站站厅

■ 获奖信息

★ 2005 年度广东省优秀工程设计奖一等奖
★ 2004 年度广州市优秀工程设计奖二等奖

广州市轨道交通 2 号线、3 号线、14 号线 —— 嘉禾望岗站
Guangzhou Metro Line 2 & Line 3 & Line 14 — Jiahewanggang Station

建造地点 / 广州市白云区
总建筑面积 / 2 号线、3 号线：2.71 万 m²
　　　　　　14 号线：3.93 万 m²
站台形式 / 岛式站台
有效站台长度 / 2 号线：140m
　　　　　　　3 号线、14 号线：120m
建成时间 / 2 号线、3 号线：2010 年
　　　　　14 号线：2016 年

■ 项目概况

嘉禾望岗站是广州市轨道交通 2 号线、3 号线、14 号线的换乘站，位于广州市白云区 106 国道以东的规划七路西侧地块，是广州市北部重要的城市轨道交通枢纽站、广州地铁首个三线合一的换乘站。嘉禾望岗站与周边公交站场、长途客运站、P+R（停车＋换乘）停车场等交通设施合理衔接，共同形成了一个综合城市交通枢纽。

2 号线、3 号线车站换乘采用双岛平行同站台换乘模式，并与 14 号线在地面站厅层换乘，实现了广州两大交通枢纽——广州南站和白云机场的无缝衔接。

车站地面建筑现代大方，红砂岩石材幕墙体现了岭南地域风格。

■ 获奖信息

★ 2013 年度广东省优秀工程勘察设计奖二等奖
★ 2012 年度广州市优秀工程勘察设计奖一等奖

▲ 站厅采光井

▲ 2 号线、3 号线车站站台

▲ 车站效果图

广州市轨道交通 3 号线、5 号线 —— 珠江新城站
Guangzhou Metro Line 3 & Line 5 — Zhujiang New Town Station

建造地点 / 广州市天河区
总建筑面积 / 3.65 万 m²
站台形式 / 3 号线：岛式站台
　　　　　 5 号线：侧式站台
有效站台长度 / 3 号线：120m
　　　　　　　 5 号线：100m
建成时间 / 3 号线：2005 年
　　　　　 5 号线：2009 年

▲ 3号线车站站台

■ 项目概况

珠江新城站为广州市轨道交通 3 号线与 5 号线的换乘站，位于广州珠江新城 CBD（中央商务区）的核心位置，是广州地铁最繁忙的车站之一，车站客流常年稳居线网前三。3 号线车站设计为地下两层，5 号线车站设计为地下三层，两者呈十字形交叉。3 号线站台层布置有两组扶梯直达站厅，同时设置有交叉楼扶梯可直达 5 号线站台层的中部；5 号线站台层的两侧则布置有扶梯可进出站。3 号线和 5 号线通过扶梯的灵活布置，达到了进出站客流和换乘客流的区分，流线简洁方便。

▲ 站厅公共区

▲ 5号线车站站台

■ 获奖信息

★ 2013 年度全国优秀工程勘察设计行业奖三等奖
★ 2013 年度广东省优秀工程勘察设计奖二等奖
★ 2012 年度广州市优秀工程勘察设计奖一等奖

广州市轨道交通 4 号线、5 号线 —— 车陂南站
Guangzhou Metro Line 4 & Line 5 — Chebeinan Station

建造地点 / 广州市天河区
总建筑面积 / 4.24 万 m²
站台形式 / 岛式站台
有效站台长度 / 4 号线：65m
　　　　　　　5 号线：100m
建成时间 / 4 号线：2009 年
　　　　　 5 号线：2010 年

■ **项目概况**

车陂南站为广州市轨道交通 4 号线与 5 号线的换乘站，位于黄埔大道东与车陂路交叉路口，为广州市首座同步设计、同步施工、同步开通的 T 形岛式换乘车站。该站设置了 4 号线与 5 号线的联络线，地下一层为两线共用站厅层、地下二层为 5 号线站台层、地下三层为 4 号线站台层。

■ **获奖信息**

★ 2011 年度广东省优秀工程设计奖二等奖
★ 2010 年度广州市优秀工程设计奖一等奖

▲ 剖面效果图

▲ 5 号线车站站台

▲ 站厅

广州市轨道交通 4 号线、8 号线 —— 万胜围站
Guangzhou Metro Line 4 & Line 8 — Wanshengwei Station

建造地点 / 广州市海珠区
总建筑面积 / 2.20 万 m²
站台形式 / 4 号线：岛式站台
　　　　　8 号线：侧式站台
有效站台长度 / 4 号线：65m
　　　　　　　8 号线：140m
建成时间 / 2005 年

■ 项目概况

万胜围站为广州市轨道交通 4 号线、8 号线的换乘站，位于海珠区新港东路与新滘南路交叉路口，为国内首次采用地下两层十字侧岛换乘的车站，换乘直接方便。8 号线站台位于负一层，4 号线站台位于负二层。

2016 年初，随着万胜广场的建成，车站南站厅扩建西侧部分，与 A 出入口接入下沉式广场。此后，D 出入口地下通道也连接了保利广场的地下商场，使本站成为集交通、商业、办公、餐饮、文化功能一体的 TOD 站点。

■ 获奖信息

★ 2008 年度全国优秀工程勘察设计行业奖三等奖
★ 2007 年度广东省优秀工程设计奖二等奖
★ 2006 年度广州市优秀工程设计奖一等奖

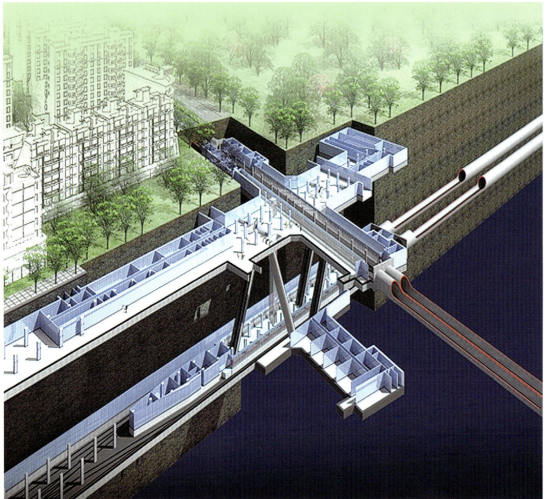

▲ 车站剖切效果图

▲ 4号线车站站厅

▲ 8号线车站站厅

广州市轨道交通 5 号线 —— 淘金站
Guangzhou Metro Line 5 — Taojin Station

建造地点 / 广州市越秀区
总建筑面积 / 1.34万m²
站台形式 / 岛式站台
有效站台长度 / 100m
建成时间 / 2009年

■ 获奖信息

★ 2011年度广东省优秀工程设计奖三等奖
★ 2010年度广州市优秀工程设计奖二等奖

▲ 站台全景

■ 项目概况

淘金站位于广州市老城区中心，站位地面为市政广场及市政主干道。广场下为下穿道路隧道，车站设在隧道下方，为地下三层岛式车站，负一层为站厅层、负二层为设备层、负三层为站台层。

淘金站采用明暗挖结合施工，车站主体明挖基坑深度达27m；附属结构采用大断面暗挖，最大断面为8.5m（宽）×10.8m（高）。车站采用盾构先吊出再做车站主体的方法，为广州地铁首例。为节省空间方便通风，空调机房设置在车站中部，全站只设置一个新风井和一个排风井。同时，机电专业采用公共区中部送风、水系统集中供冷、公共区照明高效节能灯等节能设计，较好地实现了节能减排的目的。

▲ 站厅

广州市轨道交通 8 号线 —— 同福西站
Guangzhou Metro Line 8 — Tongfuxi Station

建造地点 / 广州市海珠区
总建筑面积 / 2.79 万 m²
站台形式 / 分离岛式站台
有效站台长度 / 140m
建成时间 / 2017 年

▲ 组合式楼梯、扶梯

▲ 上盖开发效果图

▲ 站厅

▲ 半岛站台

■ 项目概况

广州市轨道交通 8 号线同福西站的东、西侧分别为南华西街、洪德巷历史文化街区，洪德路中建有内环路高架桥，因此车站上、下行线分离，设东、西两座站厅和站台，并由通道连接，缝合被道路分割的历史街区。车站设计按远期换乘条件，预留了两个节点，呈 π 形布局。车站建成后，西侧保留了历史建筑、东侧恢复为"口袋公园"并预留上盖开发条件，使站点周边城市品质获得提升，实现"老城市新活力"的效果。

■ 获奖信息

★ 2021 年度广东省优秀工程勘察设计奖三等奖
★ 2020 年度广州市优秀工程勘察设计奖一等奖

广州市轨道交通 3 号线、9 号线 —— 高增站
Guangzhou Metro Line 3 & Line 9 — Gaozeng Station

建造地点　/　广州市白云区
总建筑面积　/　2.02 万 m^2
站台形式　/　岛式站台
有效站台长度　/　120m
建成时间　/　2015 年

■ **项目概况**

高增站为广州市轨道交通 3 号线、9 号线的换乘站，位于机场二期控制用地南侧、机场高速公路东侧地块内。受机场控高限制，车站设置为地下两层、地面两层的双岛地下地面车站。

高增站地面一层为站厅层，采用中空设计，层高达 10m，空间效果震撼；地下一层为缓冲通道，去往机场或花都区均在此换乘；地下二层为站台层，设置两座岛式站台；设置站前交叉渡线，站后双存车线。

■ **获奖信息**

★ 2020 年度广州市优秀工程勘察设计奖三等奖

▲ 高增站

▲ 站厅内部效果图

▲ 站厅

广州市轨道交通 18 号线、22 号线 —— 番禺广场站
Guangzhou Metro Line 18 & Line 22 — Panyu Square Station

建造地点　/　广州市番禺区
总建筑面积　/　13.99 万 m^2
站台形式　/　双岛式站台
有效站台长度　/　186m
建成时间　/　2021 年

▲ 站厅

▲ 18号线车站站台

▲ 转换层

■ 项目概况

番禺广场站为广州市轨道交通 18 号线、22 号线与既有 3 号线的换乘站。作为 18 号线、22 号线的重点车站，番禺广场站可实现半小时内北达天河、南连南沙、西至广州南站、西北至荔湾白鹅潭，是连接珠三角城市和港澳地区的重要交通枢纽。车站充分运用一体化的设计原理，优化土建形式，整合设备末端，注重提升乘客的空间感和舒适度，营造开阔大气的视觉效果。站点周边融合交通场站、生态花园、商业服务、文化旅游等功能，打造区域文商旅体验中心和城市地标。

■ 获奖信息

★ 2023 年度广东省优秀工程勘察设计奖二等奖
★ 2022 年度广州市优秀工程勘察设计奖一等奖

广州市轨道交通 21 号线 —— 增城广场站
Guangzhou Metro Line 21 — Zengcheng Square Station

建造地点 / 广州市增城区
总建筑面积 / 3.80 万 m²
站台形式 / 岛式站台
有效站台长度 / 120m
建成时间 / 2018 年

■ 项目概况

增城广场站西接钟岗站，为广州市轨道交通 21 号线和 16 号线（规划）的换乘站，也是 21 号线的终点站，车站为地下两层 15m 岛式站台车站，全长 665m，标准段宽 23.7m，远期与 16 号线 T 形换乘（预留联络线接口）。因广汕公路规划为 80m 宽，且道路两侧均敷设有较大的市政管线，为减少工程规模及节约投资，本站所有出入口均按顶管法实施，首次采用顶管站内接收工艺，车站结合广汕公路改造同步设计、实施，车站风亭、安全出口附属均采取顶出式设计。

■ 获奖信息

★ 2020 年度广州市优秀工程勘察设计奖一等奖

▲ 车站地面附属设施

▲ 母婴室

▲ 站厅

广州地铁 APM 线 —— 天河南站、林和西站、广州塔站
Guangzhou Metro APM Line — Tianhenan Station, Linhexi Station, Canton Tower Station

建造地点 / 广州市天河区
总建筑面积 / 天河南站：0.29 万 m²
　　　　　　林和西站：0.54 万 m²
　　　　　　广州塔站：0.68 万 m²
站台形式 / 岛式站台
有效站台长度 / 40m
建成时间 / 2010 年

■ 项目概况

广州地铁 APM 线共设 9 座车站，其中天河南站、林和西站、广州塔站为单建车站，车站方案结合周边环境因地制宜，各具特色。天河南站采用明暗挖结合的地下四层深埋结构形式，为国内首例采用电梯疏散的车站。林和西站利用线路端头空间扩大为站厅，兼换乘大厅功能，创站厅与岛式站台同层单端布置的先河。广州塔站采用顶板密肋梁结构，为广州首座站厅、站台采用无柱中空设计的车站。

■ 获奖信息

★ 2012 年度广州市优秀工程勘察设计奖二等奖、三等奖

▲ 天河南站站厅

▲ 花城广场出入口

▲ 广州塔站站台

深圳城市轨道交通 2 号线 —— 华强北站
Shenzhen Metro Line 2 — Huaqiang North Station

建造地点　/　深圳市福田区
总建筑面积　/　1.11 万 m²
站台形式　/　岛式站台
有效站台长度　/　140m
建成时间　/　2011 年

▲ 2号线车站站厅

■ 项目概况

华强北站为深圳市城市轨道交通 2 号线东延线与 7 号线的换乘站，位于华强电子世界的核心区，采用通道换乘。本站通过改造既有物业、置换地铁与物业面积等措施，实现了地铁与商业的完美结合。受管线限制，车站 C 出入口连接中航北苑暗挖过街通道采用平拱矩形暗挖法施工，通道距离上方雨水管 0.8m，距离下部地铁区间隧道仅 0.7m，工程在成功保护管线及地铁的情况下顺利实施。

■ 获奖信息

★ 2012 年度广州市优秀工程勘察设计奖三等奖

▲ 车站出入口

广佛线、广州市轨道交通 1 号线 —— 西塱站
Guangfo Metro & Guangzhou Metro Line 1 — Xilang Station

建造地点 / 广州市荔湾区
总建筑面积 / 1 号线：2 万 m^2，广佛线：1.86 万 m^2
站台形式 / 1 号线：一岛两侧，广佛线：岛式站台
有效站台长度 / 1 号线：140m，广佛线：80m
建成时间 / 1 号线：1997 年，广佛线：2010 年

■ 项目概况

西塱站为广州市轨道交通 1 号线与广佛线的换乘站，也是 1 号线的起点站、广佛线首通段的终点站。1 号线车站位于广州市荔湾区花地大道南城市主干道北侧、公交地块的西侧，呈南北向敷设，设置于地面，首层为站台层、二层为站厅层，上部预留远期办公开发空间。广佛线车站位于花地大道南北公交地块的北侧和花地大道中与鹤洞路的交叉部位，呈东西向敷设，为地下两层双柱岛式车站，站后设折返线和存车线。两线通过换乘通道无缝接驳。

■ 获奖信息

★ 2013 年度广东省优秀工程勘察设计奖三等奖

▲ 1 号线车站站台

▲ 广佛线车站站厅

▲ 广佛线车站站台

广佛线、佛山市城市轨道交通 3 号线 —— 东平站
Guangfo Metro & Foshan Metro Line 3 — Dongping Station

建造地点 / 佛山市顺德区

总建筑面积 / 4.01 万 m²

站台形式 / 岛式站台

有效站台长度 / 120m

建成时间 / 广佛线：2016 年
　　　　　 3 号线：2022 年

■ 项目概况

东平站位于佛山新城 CBD 核心区地块，为广佛线与佛山市城市轨道交通 3 号线的换乘站，并与广佛环线、广佛江珠城际铁路及佛穗莞城际铁路换乘。广佛线车站设计为地下两层，3 号线车站设计为地下三层，采用偏 T 形岛岛式换乘。为突出车站视角效果，公共区均采用混凝土直径 700mm 的钢管柱，其中 3 号线车站站厅中心的 70m×24m 大跨度中庭空间体现了车站位于 CBD 核心区的地标特色。

■ 获奖信息

★ 第十一届广东省土木工程詹天佑故乡杯奖

★ 2021 年度广东省优秀工程勘察设计奖三等奖

★ 2020 年度广州市优秀工程勘察设计奖二等奖

▲ 车站剖切透视图

▲ 3号线车站站厅效果图

▲ 广佛线车站站厅

▲ 3号线车站站台

北京地铁 14 号线 —— 朝阳公园站
Beijing Subway Line 14 — Chaoyang Park Station

建造地点 / 北京市朝阳区
总建筑面积 / 1.86 万 m²
站台形式 / 岛式站台
有效站台长度 / 140m
建成时间 / 2014 年

■ **项目概况**

朝阳公园站为北京地铁 14 号线的一个重点站，位于朝阳公园南路与甜水园街的丁字交叉路口，设计为地下两层车站，采用分离式站厅、岛式站台。车站工程技术条件复杂，针对问题，创造性地采用明挖、暗挖、盖挖等多种工法进行施工。该套施工方法较好保证了工程质量，有效控制了周边建（构）筑物的沉降，对城区内的项目具有很好的适用性，在后续地铁工程中也被屡次采用。

■ **获奖信息**

★ 2019 年度广东省优秀工程勘察设计奖二等奖
★ 2018 年度广州市优秀工程勘察设计奖一等奖

▲ 车站剖透视图

▲ 站厅

▲ 站厅暗挖段

天津市轨道交通 6 号线 —— 天津宾馆站、肿瘤医院站
Tianjin Rail Transit Line 6 — Tianjinbinguan Station, Zhongliuyiyuan Station

建造地点 / 天津市河西区
总建筑面积 / 天津宾馆站：3.34 万 m^2
　　　　　　肿瘤医院站：3.27 万 m^2
站台形式 / 岛式站台
有效站台长度 / 120m
建成时间 / 2016 年

■ 项目概况

　　天津宾馆站、肿瘤医院站是天津市轨道交通5号线与6号线的同台换乘站。车站的地下一层为公共站厅层、地下二层和三层为两条线的站台层兼换乘空间，区间进行的扭转设计呈麻花状，可以在两站实现双线8个方向的同站台换乘，换乘距离短、便捷。

▲ 肿瘤医院站站台

▲ 天津宾馆站站台

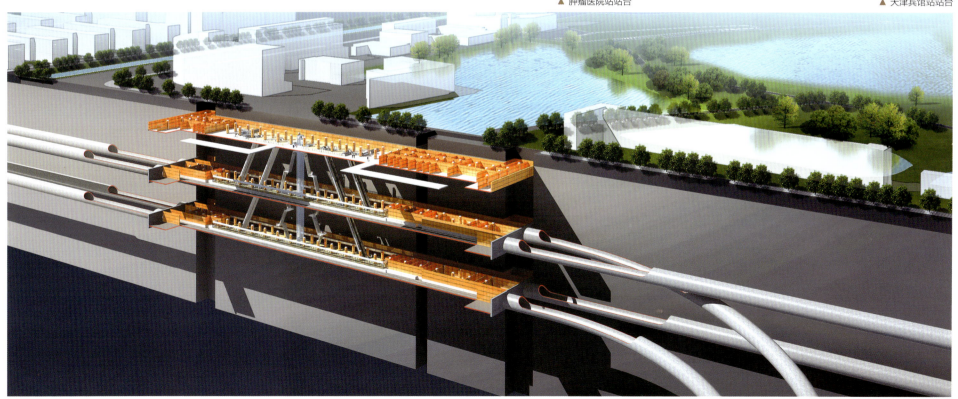

▲ 剖切效果图

南京地铁 3 号线 —— 夫子庙站

Nanjing Metro Line 3 — Fuzimiao Station

建造地点　/　南京市秦淮区
总建筑面积　/　1.55 万 m²
站台形式　/　岛式站台
有效站台长度　/　140m
建成时间　/　2014 年

■ 项目概况

夫子庙站为南京地铁 3 号线与 5 号线的换乘站，位于南京繁华市中心，周边有著名景点夫子庙及夫子庙游船码头、商业步行街等，承担着区域内大量的旅游及商业客流。车站主体位于规划路与建康路交叉口以北规划商业地块下，为地下三层岛式车站，地面规划 8 层办公楼及地上 4 层商业群楼，地面结合城市交通工程一体化设计。

■ 获奖信息

★ 2017 年度广东省优秀工程勘察设计奖二等奖
★ 2016 年度广州市优秀工程勘察设计奖一等奖

▲ 自动检票机

▲ 站台

▲ 站厅

▲ 车站艺术墙

南京地铁机场线 —— 南京南站
Nanjing Metro Airport Line — Nanjing South Railway Station

建造地点　/　南京市雨花台区
总建筑面积　/　2.78 万 m²
站台形式　/　侧式站台
有效站台长度　/　120m
建成时间　/　2014 年

■ 项目概况

南京地铁机场线（S1 线）南京南站位于高铁南京南站北广场地下，是南京地铁机场线的起点站。该站可在高铁南京南站房下与运营中的 1 号线、3 号线、S3 线实现站内换。其中，1 号线和 3 号线在高铁主站房下以双岛平行站厅换乘，S1 线和 S3 线在北广场下以站台一岛两侧平行站厅换乘，均为地下两层（局部三层），1 号线、3 号线与 S1 线、S3 线之间通过地下一层站厅换乘通道进行换乘。

■ 获奖信息

★ 2015 年度广东省优秀工程勘察设计奖一等奖
★ 2014 年度广州市优秀工程设计奖一等奖

▲ 站厅

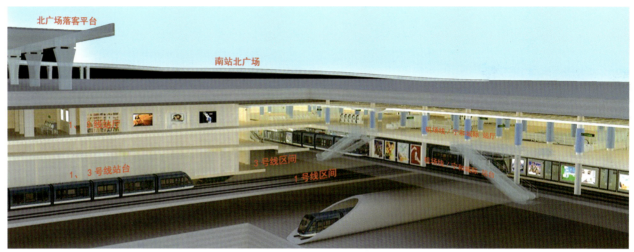
▲ 地铁换乘剖切效果图

▲ 车站地面层

南京地铁机场线 —— 禄口机场站
Nanjing Metro Airport Line — Lukou International Airport Station

建造地点 / 南京市江宁区
总建筑面积 / 2.18 万 m^2
站台形式 / 岛式站台
有效站台长度 / 120m
建成时间 / 2014 年

■ 项目概况

禄口机场站位于南京禄口机场 T2 航站楼西北、T1 航站楼以南、交通中心的裙楼下方。车站的地下一层为站厅层，地下二层为站台层。站位现状为空地，西面建停机坪，东面建停车库及 T2 航站楼的匝道，北面为机场建筑，无控制性管线。本站与航站楼换乘达到无缝衔接，车站出入口可直达航站楼，火灾状态下可使用专门的疏散楼梯疏散。

■ 获奖信息

★ 2014 年度广州市优秀工程设计奖三等奖

▲ 禄口机场鸟瞰图

▲ 车站剖切效果图

▲ 站厅

无锡地铁 1 号线、4 号线 —— 市民中心站
Wuxi Metro Line 1 & Line 4 — Civic Center Station

建造地点　/　无锡市滨湖区
总建筑面积　/　3.71 万 m²
站台形式　/　岛式站台
有效站台长度　/　120m
建成时间　/　2014 年

■ 项目概况

市民中心站为无锡地铁 1 号线与 4 号线的换乘站。1 号线车站沿观山路跨立德路敷设，设计为地下两层，有效站台宽度 12m，设存车线，车站总长 468.3m。4 号线车站沿立德路跨观山路敷设，设计为地下三层，车站总长 143m。两站同期设计、同期建设，采用十字换乘，共设 10 个出入口。

▲ 车站剖切透视图

■ 获奖信息

★ 2015 年度全国优秀工程勘察设计奖三等奖
★ 2015 年度广东省优秀工程勘察设计奖一等奖
★ 2014 年度广州市优秀工程设计奖一等奖

▲ 站厅

徐州市城市轨道交通 3 号线、4 号线 —— 南三环路站
Xuzhou Metro Line 3 & Line 4 — Nansanhuanlu Station

建造地点 / 徐州市泉山区
总建筑面积 / 3 号线：2.06 万 m²
　　　　　　4 号线：1.74 万 m²
站台形式 / 岛式站台
有效站台长度 / 120m
建成时间 / 3 号线：2021 年
　　　　　 4 号线：在建

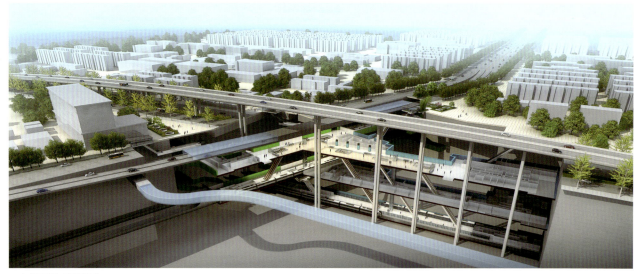
▲ 车站高架下穿道耦合

▲ 新型外包钢板组合梁及抗扭柱

▲ 3号线车站站厅

■ 项目概况

南三环路站为徐州市城市轨道交通 3 号线与 4 号线的换乘站，采用 T 形换乘。3 号线车站为地下三层岛式站台无柱车站，站台宽 12m，埋深 26m，地下一层为解放南路下穿道、地下二层为站厅层、地下三层为站台层，换乘厅新型外包钢板组合梁及抗扭柱实现 26m 大跨换乘空间。4 号线车站为地下三层岛式站台无柱车站，站台宽 13m，车站埋深 26.7~30.5m，采用明挖无柱拱形顶板的结构形式。

■ 获奖信息

★ 2023 年度广东省优秀工程勘察设计奖三等奖
★ 2022 年度广州市优秀工程勘察设计奖一等奖

苏州市轨道交通 5 号线 —— 荷花荡站
Suzhou Rail Transit Line 5 — Hehuadang Station

建造地点 / 苏州市工业园区
总建筑面积 / 1.20 万 m²
站台形式 / 岛式站台
有效站台长度 / 120m
建成时间 / 2021 年

■ 项目概况

　　荷花荡站公共区采用"中庭+无柱"的结构形式，大胆创新设计全国首座中庭无柱地铁车站，站厅与站台的楼板采用一个 65m×10m 高大中庭，站台到顶板的净距为 8.8m，极大地提高了车站空间的通透性和乘车体验。车站装修及管线综合方案以无柱、挑空的建筑特色为依托，设计苏州首座公共区裸装车站。同时，本站首次在苏州将 PIS（乘客信息系统）屏与站台门完美结合，减少悬挂物的遮挡，进一步提升了车站空间的通透性和乘车体验。

■ 获奖信息

★ 2022 年度苏州市城乡建设系统优秀勘察设计奖三等奖

▲ 公共区"中庭+无柱"结构

▲ 站台

▲ 站厅

南通市轨道交通 1 号线 —— 和平桥站
Nantong Rail Transit Line 1 — Hepingqiao Station

建造地点 / 南通市崇川区
总建筑面积 / 4.00 万 m²
站台形式 / 岛式站台
有效站台长度 / 120m
建成时间 / 在建

■ 项目概况

和平桥站紧邻国家 5A 级濠河景区,是南通市轨道交通 1 号线、2 号线同期实施的换乘站,也是南通轨道交通线网最核心的站点之一。车站方案以换乘节点空间创新为突破点,整个换乘大厅采用圆形布置,节点范围内的结构柱也全部采用圆形布点,建筑、结构、装修、管综几大专业方案均以"双道圆环"为核心,朝向圆心处层层递进,营造高度渐变的换乘空间;同时抽取节点中心的 4 根结构柱,营造出直径 28m 的超大无柱空间,节点中心位置装修后净高达 6.3m,极大地提升了换乘大厅整体的视觉美感和通透感。

▲ 换乘大厅

▲ 站厅

▲ 1号线车站站台

宁波市轨道交通 3 号线 —— 儿童公园站
Ningbo Rail Transit Line 3 — Children's Park Station

建造地点 / 宁波市鄞州区
总建筑面积 / 5.34 万 m²
站台形式 / 岛式站台
有效站台长度 / 120m
建成时间 / 2019 年

■ 项目概况

儿童公园站为宁波市轨道交通 3 号线与 4 号线的换乘站，因临近宁波儿童公园而得名。3 号线车站设计为地下三层，4 号线车站设计为地下两层，采用 T 形换乘，站台宽度均为 14m。3 号线、4 号线与联络线之间构成三角公共大厅，明挖法施工。为结合周边商业开发，特别设置了下沉广场，车站与周边地下商业开发通过下沉广场进行无缝衔接。

■ 获奖信息

★ 2020 年度广州市优秀工程勘察设计奖一等奖

▲ 3号线车站站厅

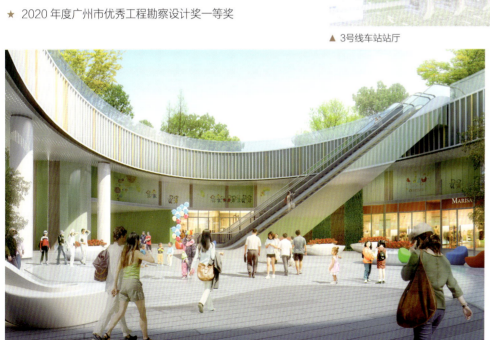

▲ 下沉广场透视效果图

▲ 4号线车站站台

福州市轨道交通 1 号线 —— 屏山站
Fuzhou Metro Line 1 — Pingshan Station

建造地点　/　福州市鼓楼区
总建筑面积　/　0.92 万 m^2
站台形式　/　岛式站台
有效站台长度　/　120m
建成时间　/　2017 年

■ 项目概况

福州市轨道交通 1 号线工程屏山站设计为标准的地下两层岛式车站。车站施工期间发掘出南北朝到唐五代时期大量的古代建筑和生活遗物，其中最珍贵是地下 5m 深的汉代宫殿遗址。设计时，出入口结合福州市欧冶池文化公园大门设置，方案采取汉代城宫殿大屋顶风格，被誉为福州市最有特设的地铁出入口。在紧凑的车站内部还单独设置一块约 100m^2 的场地用作文物展厅。

▲ 站址环境

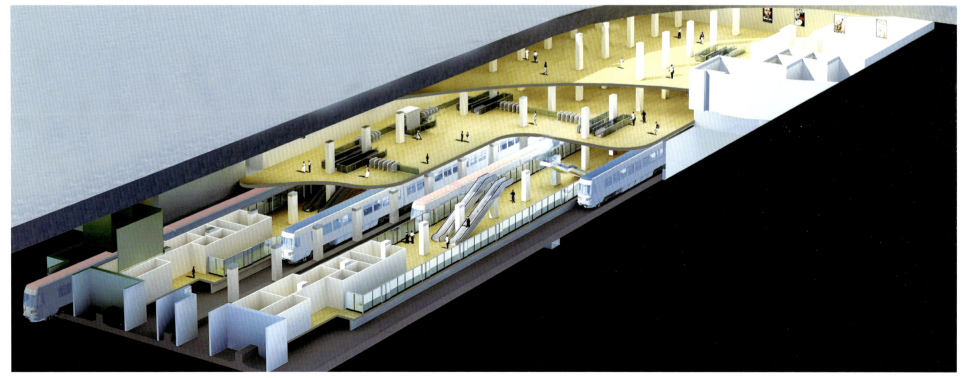
▲ 车站剖切透视图

厦门市轨道交通 1 号线 —— 杏林村站、官任站
Xiamen Metro Line 1 — Xinglin Village Station, Guanren Station

建造地点 / 厦门市集美区
总建筑面积 / 杏林村站：1.71 万 m^2
　　　　　　官任站：2.25 万 m^2
站台形式 / 岛式站台
有效站台长度 / 120m
建成时间 / 2017 年

■ 项目概况

杏林村站与综合物业开发结合，车站设于开发地块内，为地下两层车站，车站上方为开发裙楼，出入口风亭结合开发裙房设计，车站风亭通过商场大堂于物业裙楼屋顶顶出。由于风亭位于大堂中，设计时充分结合大堂及天窗以莲花为主题进行深化设计。同时车站设置 5 个出入口，除 2 号、4 号出入口保证消防安全通道独立外，其余出入口均与开发车库及商业接驳，为乘客提供交通及消费的选择。

官任站位于杏林湾路与和新路交叉口东北侧，沿和新路东侧敷设，呈南北走向。车站东高西低，最大高差约 8m，车站结合现状地形设计，主要为地下两层结构，其余局部设置三层结构用于物业开发。该站 1b 号出入口下穿无法迁改的共同沟，采用暗挖法施工，花管注浆预加固，密排小管棚结合隧道两侧砂浆锚杆超前支护。

■ 获奖信息

★ 2021 年度广东省优秀工程勘察设计奖三等奖
★ 2020 年度广州市优秀工程勘察设计奖一等奖

▲ 杏林村站站台

▲ 官任站站台

南昌市轨道交通 1 号线、2 号线 —— 八一广场站
Nanchang Metro Line 1 & Line 2 — Bayi Square Station

建造地点 / 南昌市东湖区
总建筑面积 / 1 号线：23190m²
2 号线：33710m²
站台形式 / 岛式站台
有效站台长度 / 120m
建成时间 / 1 号线：2015 年
2 号线：2019 年

▲ 车站效果图

■ 项目概况

八一广场站为南昌市轨道交通 1 号线与 2 号线的换乘站，也是江西省已建和在建地铁中总建筑面积最大车站，位于八一大道与中山东路交叉路口西南，东侧紧邻南昌地标八一广场，周边商业氛围浓厚。

1 号线车站设计为地下三层，与新华书店地块的地下室及上盖合建；2 号线车站设计为地下两层，部分配线负一层及外挂一层预留商业开发空间。两站同步设计、同步施工，采用 L 形岛 — 岛式换乘。

■ 获奖信息

★ 2020 年度广州市优秀工程勘察设计奖二等奖

▲ 出入口

▲ 2号线车站站台

▲ 站厅

南昌市轨道交通 2 号线 —— 南昌火车站
Nanchang Metro Line 2 — Nanchang Railway Station

建造地点　/　南昌市西湖区
总建筑面积　/　1.15 万 m^2
站台形式　/　岛式站台
有效站台长度　/　120m
建成时间　/　2016 年

▲ 地面开发示意图

■ 项目概况

　　南昌火车站地铁站是南昌市轨道交通 2 号线的中间站，位于南昌火车站东广场北侧、洛阳路隧道南侧，沿洛阳路东西向布置。车站设计为地下两层，总长度 164.6m，站台宽 14m，车站标准段宽度为 24.3m，底板埋深约 14.1m。车站设计优化了车站站位和出入口设置，实现了国铁、城市轨道交通、长途大巴、公交车、出租车、社会车辆等交通的无缝衔接。

▲ 站台

▲ 站厅

■ 获奖信息

★ 2021 年度江西省优秀市政公用工程设计奖三等奖
★ 2020 年度广州市优秀工程勘察设计奖一等奖

济南市轨道交通 2 号线、3 号线 —— 八涧堡站
Jinan Metro Line 2 & Line 3 — Bajianpu Station

建造地点　/　济南市历下区
总建筑面积　/　2 号线：25591m²
　　　　　　　3 号线：26405 m²
站台形式　/　岛式站台
有效站台长　/　120m
建成时间　/　2 号线：2021 年
　　　　　　　3 号线：2019 年

▲ 车站整体效果图

■ 项目概况

八涧堡站为济南市轨道交通 2 号线与 3 号线的换乘站，采用 T 形节点换乘。2 号线车站设计为地下三层，负一层为站厅层、负二层为设备层、负三层为站台层；3 号线车站设计为地下两层，负一层为站厅层、负二层为站台层。2 号线受高铁联络线的影响，3 号线受济青客专与胶济铁路、济青客专桥桩的影响，两线车站有效站台均为弧形，给车站内部的建筑布置带来诸多挑战。

▲ 站厅

▲ 2 号线车站站台

郑州市轨道交通 1 号线、3 号线 —— 二七广场站
Zhengzhou Metro Line 1 & Line 3 — Erqi Guangchang Station

建造地点　／　郑州市二七区
总建筑面积　／　1 号线：2.61 万 m²
　　　　　　　3 号线：2.02 万 m²
站台形式　／　1 号线：岛式站台
　　　　　　 3 号线：岛式 + 侧式站台
有效站台长度　／　1 号线：120m
　　　　　　　　 3 号线：140m
建成时间　／　1 号线：2013 年
　　　　　　 3 号线：2020 年

▲ 站台

▲ 站厅

■ 项目概况

二七广场站为郑州市轨道交通 1 号线与 3 号线的换乘站，位于郑州市人民路、二七路、解放路、正兴街、西大街等主干道的交汇口，出入口以二七纪念塔为中心呈环状分布。二七广场为郑州市核心地段，被誉为郑州市的"城市名片"，二七纪念塔为郑州市标志性建筑、国家一级文物。二七广场站的公共站厅层设计以满足周边各大商业中心购物、休闲需求为目标，形成集综合性交通、商业于一体的地下空间。

二七广场站同时毗邻 220kV 的电力管廊，车站设计时成功解决了在复杂的城市核心区实施文物保护、电力避让耦合、小楼清真寺拆迁、3 号线区间安全下穿 1 号线车站及 3 号线大客流组织换乘、出地面建筑融合城市核心区景观风貌等难题。

■ 获奖信息

★ 2017 年度全国优秀工程勘察设计行业奖二等奖
★ 2017 年度广东省优秀工程勘察设计奖一等奖
★ 2022 年度河南省土木建筑科学技术奖（建筑设计）一等奖

▲ 透视效果图

武汉市轨道交通 3 号线、8 号线 —— 赵家条站
Wuhan Metro Line 3 & Line 8 — Zhaojiatiao Station

建造地点　/　武汉市江岸区
总建筑面积　/　3.28 万 m^2
站台形式　/　岛式站台
有效站台长度　/　3 号线：120m
　　　　　　　　8 号线：186m
建成时间　/　3 号线：2015 年
　　　　　　　8 号线：2017 年

▲ 站厅

▲ 3号线车站站台

■ 项目概况

赵家条站为武汉市轨道交通 3 号线与 8 号线的换乘站，位于武汉市江岸区，建设大道与黄埔大街交叉路口的西南侧，为地下三层 T 形岛 — 岛换乘车站。地下一层为两线共用站厅层、地下二层为 3 号线站台层、地下三层为 8 号线站台层。3 号线与 8 号线车站共设 7 个出入口和 5 组风亭。其中 8 号线车站所在地块修建了 3 号线、6 号线、7 号线控制中心大楼和 3 号线、8 号线主变电所。地块内的车站附属建筑与控制中心大楼、主变电所和规划商业做到了统一规划、有机结合、一体化设计，综合利用了地下空间。

▲ 车站剖切效果图

■ 获奖信息

★ 2019 年度广东省优秀工程勘察设计奖二等奖
★ 2018 年度广州市优秀工程勘察设计奖一等奖

长沙市轨道交通 4 号线 —— 六沟垅站

Changsha Metro Line 4 — Liugoulong Station

建造地点 / 长沙市岳麓区
总建筑面积 / 2.22 万 m²
站台形式 / 岛式站台
有效站台长度 / 120m
建成时间 / 2019 年

■ 项目概况

六沟垅站为长沙市轨道交通 4 号线与 6 号线的换乘站，位于银盆南路与桐梓坡路交叉路口北侧，邻近沿东西向敷设的市政过江隧道（在建）。4 号线车站为全明挖车站，与 6 号线 T 字换乘。4 号线车站综合考虑 6 号线车站及市政过江隧道的建设时序，采用地下两层岛式车站跨路口设置，并对 6 号线换乘及市政隧道层进行了预留。

■ 获奖信息

★ 2020 年度广州市优秀工程勘察设计奖二等奖

▲ 车站换乘模型

▲ 站厅

▲ 4 号线车站站台

南宁市轨道交通3号线 —— 青秀山站
Nanning Rail Transit Metro Line 3 — Qingxiushan Station

建造地点 / 南宁市青秀区
总建筑面积 / 2.46万 m^2
站台形式 / 岛式站台
有效站台长度 / 120m
建成时间 / 2019年

■ **项目概况**

青秀山站为当前南宁轨道交通线路埋深最大的车站，采用明暗挖结合的方式建造。站厅层采用明挖法施工，站台层采用暗挖法施工，明暗挖结构通过暗挖斜扶梯通道与竖井相连。车站共设置4个出入口、3个紧急疏散口，2组风亭，1条连接主变电站的电缆廊道。车站轨面埋深约60m，斜扶梯提升高度约26m。

■ **获奖信息**

★ 2020年度广西优秀工程勘察设计奖二等奖
★ 2020年度广州市优秀工程勘察设计奖一等奖

▲ 超长斜扶梯通道

▲ 地面附属设施

▲ 大空间站厅

成都地铁 2 号线、4 号线 —— 中医大省医院站
Chengdu Metro Line 2 & Line 4 — Chengdu University of TCM & Sichuan Provincial People's Hospital Station

建造地点 / 成都市青羊区
总建筑面积 / 2.72 万 m²
站台形式 / 岛式站台
有效站台长度 / 120m
建成时间 / 2012 年

■ 项目概况

中医大省医院站为成都地铁 2 号线、4 号线、5 号线三线的换乘站，位于成都中心城区十二桥路与一环路西二段的十字交叉路口。其中，2 号线、4 号线同步设计、同步实施，站台层采用双岛四线方式，设备区 40% 的设备实现两线资源共享。受周边密集建筑物限制，车站沿一环路大断面暗挖穿过市政公路隧道，沿清江东路方向与高架桥合建，是国内首个先桥后站车站。此外，车站在节能环保方面采用创新技术，是成都首个冰蓄冷车站。

■ 获奖信息

★ 2015 年度全国优秀工程勘察设计奖二等奖
★ 2015 年度广东省优秀工程勘察设计奖一等奖

▲ 车站剖切效果图

▲ 2号线车站站台效果图

▲ 站厅效果图

成都地铁 4 号线 —— 文化宫站
Chengdu Metro Line 4 — Culture Palace Station

建造地点 / 成都市青羊区
总建筑面积 / 1.43 万 m^2
站台形式 / 岛式站台
有效站台长度 / 120m
建成时间 / 2017 年

▲ 4号线车站站台

▲ 4号线车站站厅

■ 项目概况

文化宫站为成都地铁 4 号线与 7 号线的换乘站。4 号线车站顺清江中路避开高架桥布置，呈东西走向；7 号线车站与规划下穿隧道合建顺青羊大道布置，呈南北走向。

4 号线车站为地下两层岛式车站，共设 6 个出入口、2 组共 6 个风亭。车站综合考虑道路路口的改造，在路口处形成高架桥、下穿隧道、平交道路、地铁车站的四层立体交通，并首次在浅覆土砂卵石地层中大断面矿山法实施过街通道。

■ 获奖信息

★ 2019 年度广东省优秀工程勘察设计奖三等奖
★ 2018 年度广州市优秀工程勘察设计奖一等奖

▲ 车站地面

西安市地铁 2 号线 —— 钟楼站
Xi'an Metro Line 2 — Zhonglou Station

建造地点 / 西安市新城区
总建筑面积 / 1.58 万 m²
站台形式 / 岛式站台
有效站台长度 / 120m
建成时间 / 2011 年

■ 项目概况

钟楼站为西安市地铁 2 号线与 6 号线的换乘站，位于东西及南北大街交汇处、国家级重点文物保护单位钟楼附近，采用通道换乘。2 号线为地下两层分离岛式车站，车站明挖主体总长 150.9m，侧式站台宽 4.5m。

2 号线车站以汉唐文化特质为表现主体和切入点，运用现代的新材料结合汉唐城市规划的"九宫格"形式进行演绎；色彩上提炼出汉唐最具特色的褐色、土黄、深红来表现，局部运用画像石、唐三彩等艺术语言处理。整体风格浑厚、大气、凝重。

■ 获奖信息

★ 2018 年度广州市优秀工程勘察设计奖二等奖

▲ 2 号线车站站厅

▲ 2 号线车站站台

▲ 文化墙

1.3.2　高架车站
Elevated Stations

广州市轨道交通 6 号线 —— 浔峰岗站、沙贝站
Guangzhou Metro Line 6 — Xunfenggang Station, Shabei Station

建造地点　/　广州市白云区

总建筑面积　/　浔峰岗站：0.84 万 m²

　　　　　　　沙贝站：0.66 万 m²

站台形式　/　浔峰岗站：一岛一侧式站台

　　　　　　　沙贝站：侧式站台

有效站台长度　/　65m

建成时间　/　2013 年

■ **项目概况**

浔峰岗站为广州市轨道交通 6 号线与 12 号线的换乘站，是 6 号线的起点站，也是全国首个"一岛一侧"的高架车站。车站设有 3 个站台，乘客从侧式 2 号站台下车，岛式 1 号站台上车，上车、下车流线明确。车站立面轻巧、明快，以金属屋面配以玻璃及百叶的设计，削弱对道路、景观的压迫感，顺应站台弧度展开，满足自然通风、遮阳的要求。

沙贝站位于金沙洲沿江景观带范围内，为地下一层、地面三层高架车站，是全国第一例设置地下室的高架车站。架空的首层、轻盈的外型、外展的附属设施，体现了车站与城市功能及城市景观的融合性。

■ **获奖信息**

★ 2014 年度广州市优秀工程设计奖三等奖（浔峰岗站）

★ 2014 年度广州市优秀工程设计奖一等奖（沙贝站）

▲ 浔峰岗站鸟瞰图

▲ 沙贝站鸟瞰图

南京地铁 2 号线高架站
Elevated Stations on Nanjing Metro Line 2

建造地点 / 南京市栖霞区
总建筑面积 / 0.52 万 ~ 0.57 万 m²
站台形式 / 岛式站台
有效站台长度 / 140m
建成时间 / 2010 年

▲ 羊山公园站

▲ 南大仙林校区站

■ 项目概况

南京地铁 2 号线的学则路站、仙林中心站、羊山公园站、南大仙林校区站、经天路站均为高架两层车站，车站的地面层为站厅与设备区、二层为站台层。

南京地铁 2 号线高架站为国内首批采用梭形岛式站台的高架车站，车站两端区间合拢距离仅为传统平行站台的一半，解决了岛式车站与区间衔接距离过长的问题。

■ 获奖信息

★ 2015 年度全国优秀工程勘察设计奖二等奖

▲ 经天路站

无锡地铁 1 号线 —— 庄前站
Wuxi Metro Line 1 — Zhuangqian Station

建造地点　/　无锡市梁溪区
总建筑面积　/　1.26 万 m²
站台形式　/　岛式站台
有效站台长度　/　120m
建成时间　/　2013 年

▲ 车站室外

▲ 站厅

▲ 鸟瞰效果图

■ 项目概况

无锡地铁 1 号线庄前站位于无锡市锡澄路与北滨路交汇处路中，沿锡澄路 12m 绿化带布置，周边为商业区，结合环境采用简约的造型。受建设条件制约，本站为半高架半地下四层车站，二层为两个站厅，负二层为岛式站台，中间层为设备区。本站突破传统设计思路，以国内首创的超窄车站形式成功克服了众多限制条件，创造了丰富的空间效果。

■ 获奖信息

★ 2014 年度广州市优秀工程设计奖二等奖

▲ 过街天桥效果图

无锡地铁 1 号线、4 号线 —— 刘潭地铁枢纽综合体
Wuxi Metro Line 1 & Line 4 — Liutan Metro Hub Complex

建造地点 / 无锡市惠山区

总建筑面积 / 1 号线及商业综合体：2.75 万 m²
  4 号线：2.01 万 m²

站台形式 / 1 号线：侧式站台
  4 号线：岛式站台

有效站台长度 / 1 号线：120m
  4 号线：118m

建成时间 / 1 号线：2013 年
  4 号线：2021 年

■ 项目概况

刘潭站为无锡地铁 1 号线与 4 号线的换乘站。1 号线车站为高架站，4 号线车站为地下站，付费区之间通过自动扶梯直达。刘潭地铁枢纽综合体为轨道交通换乘站与商业建筑综合体，东临锡澄路、北临天池路、南临天河路、西侧为步行广场，周边为商业区。商业部分地面四层、地下一层，在二层共享平台与地铁站厅无缝对接。本综合体既保证了乘客的快捷换乘，又充分利用了便利的交通条件开发商业，充分挖掘了枢纽的价值潜力。

■ 获奖信息

★ 2014 年度广州市优秀工程设计奖三等奖

▲ 1号线车站站台

▲ 站厅

▲ 车站室外

宁波市轨道交通 1 号线、2 号线高架站
Elevated Stations on Ningbo Rail Transit Line 1 & Line 2

■ 获奖信息

★ 2017 年度广东省优秀工程勘察设计奖二等奖
★ 2016 年度广州市优秀工程勘察设计奖一等奖

建造地点 / 1 号线：宁波市海曙区
　　　　　　2 号线：宁波市江北区
总建筑面积 / 0.58 万 ~ 0.75 万 m²
站台形式 / 侧式、岛式站台
有效站台长度 / 120m
建成时间 / 1 号线：2014 年
　　　　　　2 号线：2016 年

■ 项目概况

宁波市轨道交通 1 号线为东西向主干线，西连高桥镇、东连北仑中心区，贯穿海曙老城区、三江口、江东 CBD 以及规划的东部新城中心。徐家漕长乐站为两层鱼腹式岛式站台，芦港站为三层鱼腹式岛式站台，两站均为路侧车站，采用钢结构屋顶。

宁波市轨道交通 2 号线是城市西南—东北方向的基本骨干线，规划线路起自鄞州区古林，止于北仑，长约 50km。路林站、宁波大学站为三层侧式站台，三官堂站为四层侧式站台，清水浦站为三层单端鱼腹式岛式站台，并均为路中车站，采用钢结构屋顶。

▲ 宁波大学站鸟瞰图

▲ 三官堂站鸟瞰图

▲ 路林站鸟瞰图

武汉市轨道交通 4 号线 —— 黄金口站、孟家铺站
Wuhan Metro Line 4 — Huangjinkou Station, Mengjiapu Station

建造地点 / 武汉市汉阳区
总建筑面积 / 黄金口站：1.68 万 m^2
　　　　　　孟家铺站：0.95 万 m^2
站台形式 / 岛式站台
有效站台长度 / 120m
建成时间 / 2013 年

■ 项目概况

黄金口站为武汉市轨道交通 4 号线二期工程的第一个车站，位于规划道路什湖大道与富源路交叉路口西北侧地块内，为 12m 站台、地面两层岛式高架车站。孟家铺站为 4 号线二期工程的第二个车站，位于武汉市汉阳区汉阳大道路中，为 10m 站台、地面两层岛式高架车站。

两站以菱形为主体、以"鱼"为题，整体造型呈现出现代、简洁、大气的效果，具有很强的雕塑感，体现了高架车站交通建筑、景观建筑的双重属性。

▲ 孟家铺站外立面

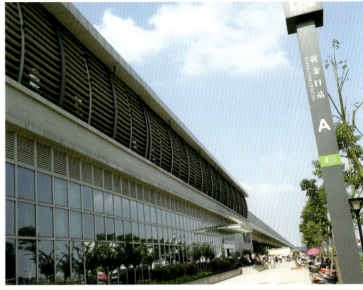
▲ 黄金口站外立面

▲ 孟家铺站站台

▲ 黄金口站站台

■ 获奖信息

★ 2016 年度广州市优秀工程勘察设计奖三等奖

1.4 车辆段与停车场

广州市轨道交通 3 号线 —— 厦滘车辆段及综合基地
Guangzhou Metro Line 3 — Xiajiao Depot

建造地点　/　广州市番禺区
用地面积　/　38.37hm²
总建筑面积　/　8.91万 m²
列位数量　/　32（2006年）
　　　　　　　47（2019年）
建成时间　/　2006年（2019年扩建）

▲ 车辆段整体效果图

■ 项目概况

厦滘车辆段及综合基地是广州市轨道交通3号线最早投入使用的车辆基地,为倒装式车辆段。车辆段轨道总长14km,主要负责3号线配属列车的停放、运用、周月检及定临修任务,并承担3号线、9号线、10号线的列车架修、大修任务。

厦滘车辆段及综合基地工程由车辆段、综合维修中心、材料总库三大部分构成,具有投资大、专业接口多、对全线工期影响大的特点。

■ 项目特点

厦滘车辆段是广州地铁设计研究院设计的首个车辆基地,采用了大跨度网架结构屋面、钢质吊车梁等结构,综合楼采用水冷式冷水系统、太阳能集热等系统。

■ 获奖信息

★ 2009年度广东省优秀工程勘察设计奖二等奖
★ 2008年度广州市优秀工程勘察设计奖一等奖

▲ 上盖物业开发总平面图

▲ 综合楼

▲ 轨道信号灯

广州市轨道交通 6 号线 —— 萝岗车辆段

Guangzhou Metro Line 6 — Luogang Depot

建造地点 / 广州市黄埔区
用地面积 / 30.56hm²
总建筑面积 / 12.40 万 m²
停车列检列位数量 / 76
建成时间 / 2016 年

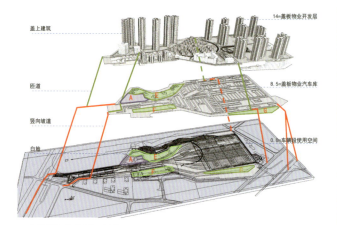

▲ 车辆段竖向分层示意图

▲ 车辆段分区示意图

▲ 车辆段鸟瞰效果图

▲ 大门效果图

■ 项目概况

萝岗车辆段是广州市轨道交通6号线的车辆基地之一，负责6号线部分配属列车的停放、月检、双周检任务，同时承担本车辆段配属列车的列检和洗刷清扫等日常维修养护工作。

萝岗车辆段是广州首批TOD上盖综合开发车辆基地，开拓了新时代轨道交通+物业发展的新模式，为TOD建设提供有力的实践参考。

■ 项目特点

（1）萝岗车辆段以"集约可持续发展、资源综合利用、绿色节能"为设计思路，采用车辆段与上盖开发一体化设计模式，解决了上盖开发车辆基地的功能转换、空间优化控制、消防安全、分期建设的永临结合等难题以及综合控制等关键技术问题，由此确保运营安全，为后续开发提供良好预留条件。

（2）萝岗车辆段实现绿色节能设计，结合上盖开发采用轨道减振降噪及结构隔振措施，上盖结构采用框支转换等创新技术。

■ 获奖信息

★ 2019年度全国行业优秀勘察设计奖三等奖
★ 2019年度广东省优秀工程勘察设计奖二等奖
★ 2018年度广州市优秀工程勘察设计奖一等奖

▲ 立面效果图

广州市轨道交通 11 号线 —— 赤沙车辆段
Guangzhou Metro Line 11 — Chisha Depot

建造地点 / 广州市海珠区
用地面积 / 30.03hm²
总建筑面积 / 36.23 万 m²
列位数量 / 93
建成时间 / 2023 年

■ 项目概况

赤沙车辆段利用广州市轨道交通 8 号线赤沙车辆段进行改扩建，定位为 11 号线的定修段，大架修任务则由 13 号线的官湖车辆段承担。赤沙车辆段承担本线配属车的定修、临修、三月检、双周检、列检、停放和洗刷清扫等日常维修与保养任务，采用双层设计（地面 1 层、地下 1 层），应用了双层股道平面重叠的设计理念。

■ 项目特点

赤沙车辆段是全国首座全自动运行的双层结构附带超高层建筑装配式车辆段，具有工程规模大、建设工期紧张、上盖预留条件复杂、二级开发介入早且要求高等难点：

（1）双层段场特殊消防设计，重点解决带上盖开发的车辆基地盖下及地下消防车道的防排烟、地下运用库埋深超过 10m、疏散楼梯疏散至地上停车场的问题。

（2）大跨度预应力纵横梁结构装配式体系，预制构件可减少 30%~40%。盖板施工免支撑，可实现盖板、盖下同步穿插施工，工期缩短 6 个月（总工期 20%）。

（3）施工使用单向钢筋混凝土框架结构，解决了混凝土装配式体系在标准化程度较低盖板结构中的应用难题。

■ 获奖信息

★ 2021 年度第二届地下空间创新大赛优秀设计项目第二名

▲ 车辆段东侧立面图

▲ 区域控制中心低点透视图

▲ 南侧鸟瞰效果图

▲ 车辆段东南侧鸟瞰图

广州市轨道交通 13 号线 —— 官湖车辆段
Guangzhou Metro Line 13 — Guanhu Depot

建造地点 / 广州市增城区
总用地面积 / 41.70hm²
总建筑面积 / 16.86 万 m²
列位数量 / 46
建成时间 / 2017 年

▲ 调机工程车库

▲ 车辆段鸟瞰效果图

项目概况

官湖车辆段是广州市轨道交通 A 型车的第二个大架修基地，承担 13 号线、11 号线配属车辆的大架修任务，负责 13 号线配属列车的停放和所有的检修工作，以及配属列车的洗刷清扫等日常维修养护工作。

项目特点

项目遵循"以人为本、开拓创新"的设计理念，优化车辆喷漆及清扫工艺，设置岗位空调，改善盖下运营作业环境，采用综合支吊架及综合管沟等形式整合段内管线布置，合理利用上盖及车辆段空间，有效控制投资，具有很好的创新示范效应。

（1）国内第一个采用自动化流水线生产运转的地铁轮对大修基地。

（2）广州首个进行 TOD 开发并完成土地出让的大架修车辆基地，广州地铁第一个采用 8A 编组列车运营并首先完成上盖开发土地出让的车辆基地。

（3）广州第一个空调流水线生产的空调大修基地，广州地铁线网第二个 A 型车大架修基地。

获奖信息

★ 2019 年度全国行业优秀勘察设计奖三等奖
★ 2019 年度广东省优秀工程勘察设计奖二等奖
★ 2018 年度广州市优秀工程勘察设计奖一等奖

▲ 车辆段西南角全貌

▲ 运用库

广州市轨道交通 14 号线 —— 邓村车辆段
Guangzhou Metro Line 14 — Dengcun Depot

建造地点 / 广州市从化区
用地面积 / 37.82hm²
总建筑面积 / 11.05 万 m²
列位数量 / 44
建成时间 / 2018 年

▲ 车辆段鸟瞰图

▲ 联合检修库

▲ 焊轨基地

■ 项目概况

邓村车辆段为广州市轨道交通 14 号线的车辆段，负责 14 号线全线列车停放及所有的检修工作，并承担 14 号线、21 号线以及知识城支线的大修、架修任务。

■ 项目特点

项目结合周边环境精心设计，有效控制投资，具有较高的设计参考价值。
（1）国内地铁首个采用双轴不落轮镟床设备的车辆基地。
（2）广州地铁首个设置完整焊轨基地的车辆基地。
（3）选址三面环山，西低东高，场坪标高精细化设计，实现段内土石方平衡，节省工程投资约 1.67 亿元。

■ 获奖信息

★ 2018—2019 年度国家优质工程奖
★ 2021 年度广东省优秀工程勘察设计奖三等奖
★ 2020 年度广州市优秀工程勘察设计奖一等奖

深圳城市轨道交通 9 号线 —— 侨城东车辆段
Shenzhen Metro Line 9 — Qiaochengdong Depot

建造地点 / 深圳福田区
总用地面积 / 22.81hm²
总建筑面积 / 21.14 万 m²
列位数量 / 42
建成时间 / 2016 年

▲ 车辆段鸟瞰效果图

▲ 车辆段鸟瞰图

▲ 运用库

▲ 室外院落

■ 项目概况

侨城东车辆段为深圳城市轨道交通 7 号线、9 号线的大架修段，同时还负责本段配属列车的停放运用、周月检及定临修任务，总投资约 20 亿元。

■ 项目特点

项目通过多途径实现环境融合、新技术助力功能提升，成功解决项目难题，确保高水平服务。

（1）国内第一座绿色智慧节能的城市轨道交通车辆大架修基地，也是国内首座设有上盖公园的半地下、临海、绿色轨道交通项目。盖上盖下广泛设计种植屋面、墙面以及海绵绿植系统，实现环境融合，在满足地铁功能的前提下，为市民提供了一个休闲、观光的好去处。

（2）结合用地条件采用倒装式布置，并首创盖下卸车方案，以及配合盖上盖下分层权属，节约用地约 10 hm^2。

（3）创新设计盖下空间，设置光导照明系统、盖上风力照明系统，采用蓄电池工程车，有效降低能耗。

（4）首次提出检修模块化设计理念，优化大架修工艺流程、提高效率，创新采用轨旁列车状态在线监测系统、整体式列车吹扫系统以及应用移动式接触网实现与起重机的互锁作业。

■ 获奖信息

★ 2019 年度广东省优秀工程勘察设计奖二等奖
★ 2018 年度广州市优秀工程勘察设计奖一等奖

徐州市轨道交通 6 号线 —— 汪庄车辆段
Xuzhou Metro Line 6 — Wangzhuang Depot

建造地点 / 徐州市铜山区
用地面积 / 26.99hm²
总建筑面积 / 6.8万 m²
列位数量 / 30
建成时间 / 2024 年

▲ 检修库

▲ 综合楼

▲ 车辆段鸟瞰效果图

■ 项目概况

汪庄车辆段为带上盖开发的车辆段，除出入段线及咽喉区为单层盖板外，其他区域均为双层盖板，是徐州首个采用全厚板转换结构的车辆段上盖。车辆段采用纵列式顺向布置，自北向南依次为在线检测棚、洗车库、污水处理站、牵引降压变电所、门卫一、工程车库、综合楼、蓄电池间、特种物品库、门卫二、检修库、物资总库、运用库及运转综合楼。

■ 项目特点

（1）车辆段与上盖开发一体化设计，在满足车辆段功能的前提下，充分利用土地；上盖开发还可与周边地块预留区域联合落地开发，形成整个区域的综合开发，实现更多的社会效益与经济效益。同时，从设计根源上解决了上盖开发车辆基地的功能转换、空间优化控制、消防安全、分期建设的永临结合等难题以及综合控制关键技术问题，确保运营安全。

（2）住宅下方为汪庄车辆基地车辆段的检修库、运用库及咽喉区，库房区与咽喉区分缝后，库房区盖板长528m、宽237m。根据上盖住宅的分布，设置5条抗震缝将库房区顶盖划分为7个抗震单元，住宅采用剪力墙结构，盖板采用全厚板转换结构，基础采用桩基础，盖板及塔楼为抗震超限结构。

▲ 运用库及运转综合楼

▲ 场区东侧沿街透视图

无锡地铁 3 号线 —— 硕放车辆段
Wuxi Metro Line 3 — Shuofang Depot

建造地点 / 无锡市新吴区
用地面积 / 36.39hm²
总建筑面积 / 9.13 万 m²
列位数量 / 41
建成时间 / 2020 年

■ **项目概况**

硕放车辆段定位为无锡地铁线网大架修车辆基地，承担线网 3 号线、4 号线配属列车的大架修任务，并承担 3 号线配属列车的定修及以下修程的检修与运维任务。硕放车辆段为上盖业开发车辆段，盖板范围包括运用库、检修库、股道区、洗车库、镟轮库，盖外包括综合楼、调机及工程车库、物资总库等设施。

▲ 车辆段上盖开发鸟瞰效果图

▲ 车辆段总平面鸟瞰效果图

▲ 综合楼

■ 项目特点

（1）无锡地铁首座采用三轨供电带上盖开发的车辆大架修基地。
（2）采用超长盖板结构的盖上盖下一体化设计，对盖下运营环境进行多方案提升。
（3）采用先进的列车在线监测等智能运维系统设计。
（4）采用半壁半柱式架空板股道及整块筏板基础的库内检查坑设计。
（5）采用雨水回用、智能低压、贴膜工艺等节能环保设计。
（6）采用室内外一体化的综合管廊及综合支吊架设计。

■ 获奖信息

★ 2021年度江苏省城乡建设系统优秀勘察设计奖二等奖
★ 2021年度无锡市城乡建设系统优秀勘察设计奖一等奖

▲ 运用库周月检线

▲ 物资库立体货架区

杭州地铁 3 号线 —— 星桥车辆段
Hangzhou Metro Line 3 — Xingqiao Depot

建造地点 / 杭州市临平区
用地面积 / 37.80hm²
总建筑面积 / 34.41 万 m²
列位数量 / 52
建成时间 / 2021 年

▲ 综合楼

▲ 咽喉区

▲ 派出所

■ 项目概况

星桥车辆段为杭州地铁3号线的附属车辆段,负责3号线(含支线)全线列车的大架修、定修任务,以及部分列车的临修、周月检、列检、日常停放。车辆段以运用库、联合检修库为主体进行布置,采用并列式布置方案,运用库布置在场区中部,联合检修库布置在运用库西侧,厂前区设置在场地西南侧,包含综合楼、杂品库、蓄电池间等建筑单体。

■ 项目特点

(1)采用巡检机器人等智慧检修设计。星桥车辆段成为杭州首个采用巡检机器人智慧检修的车辆基地。
(2)采用先进的列车在线监测等智能运维系统设计。
(3)采用贴膜工艺、智能照明系统、LED(发光二极管)灯照明系统等最新节能技术。
(4)采用室内外一体化的综合管廊及综合支吊架设计。
(5)采用诱导通风系统,提升盖下运营环境。
(6)检查坑立柱采用预制装配工艺。

▲ 车辆段鸟瞰效果图

福州市轨道交通 2 号线 —— 竹岐停车场
Fuzhou Metro Line 2 — Zhuqi Depot

建设地点　/　福州市闽侯县
用地面积　/　8.94hm²
总建筑面积　/　9.63 万 m²
列位数量　/　18（近期），预留 14
建成时间　/　2020 年

■ 项目概况

　　福州市轨道交通 2 号线竹岐停车场位于闽侯县竹岐乡苏洋村内，距 2 号线苏洋站西北侧约 200m，承担 2 号线及其延长线配属车辆的停放、检修任务，并进行上盖物业综合开发。

■ 项目特点

（1）福建省首个联合地铁车站共同进行上盖开发车辆基地的项目。
（2）福州市首个下沉式车辆基地，按百年一遇防洪标准设计，设置福州地铁首个地下强排泵站及最大规模虹吸雨水系统。
（3）福建省首个部分框支剪力墙结构车辆基地，完成新型双排结构边坡、基坑支护研究及应用。

▲ 停车场鸟瞰图

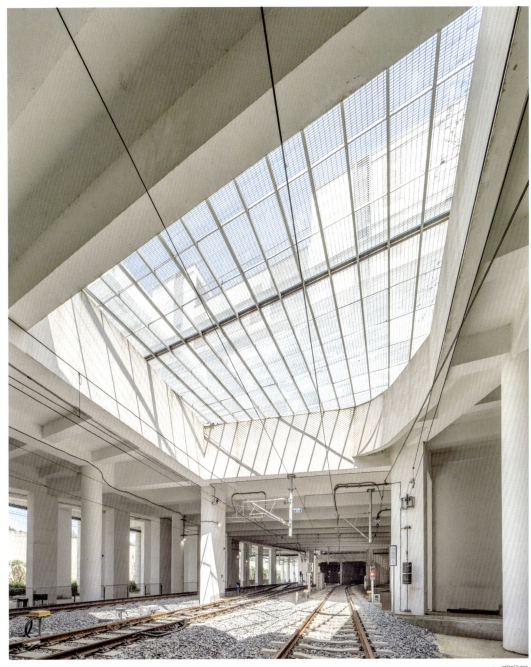
▲ 咽喉区

▲ 停车场盖下消防车道

▲ 运用库

■ **获奖信息**

★ 2023年度广东省优秀工程勘察设计奖二等奖
★ 2022年度广州市优秀工程勘察设计奖一等奖

南昌市轨道交通 2 号线 —— 生米南车辆段
Nanchang Metro Line 2 — Shengminan Depot

建造地点 / 南昌市红谷滩区
用地面积 / 29.78hm²
总建筑面积 / 11.16 万 m²
列位数量 / 44
建成时间 / 2017 年

■ 项目概况

生米南车辆段是南昌轨道交通线网的第一个车辆大架修基地，兼具 1 号线、2 号线车辆大架修和 2 号线列车检修与运维任务。车辆段设置运用库、联合检修库、大架修厂房、洗车库、不落轮镟库、调机工程车库、物资总库等运用检修设施。

■ 项目特点

（1）出入段线与下穿市政桥涵一体化整合设计，针对有限用地集约设计建成运营大楼、公安消防指挥大楼等设施，采用人性化"中庭式"设计提升运营工作环境。

（2）车辆段首次应用带称重功能的固定式架车机，同时采用与部件检修模式相匹配的大架修工艺流线设计。

（3）采用先进的轮对在线检测等智能运维系统设计。

（4）采用室内外一体化的综合管廊及综合支吊架设计。

（5）采用雨水回用、智能照明、高大厂房自然通风等节能环保设计。

■ 获奖信息

★ 2018 — 2019 年度国家优质工程奖
★ 2020 年度广州市优秀工程勘察设计奖一等奖

▲ 工程实体总图

轨道交通篇

▲ 车辆段鸟瞰效果图

▲ 运营大楼

▲ 综合楼

郑州市轨道交通 2 号线 —— 城南车辆段
Zhengzhou Metro Line 2 — Chengnan Depot

建造地点 / 郑州市管城区
用地面积 / 21.48hm²
总建筑面积 / 6.51 万 m²
列位数量 / 36
完成时间 / 2015 年

■ 项目概况

城南车辆段为郑州市轨道交通 2 号线的定修段，承担列车定修及以下修程的检修任务，兼具车辆停放与日常保养功能。

▲ 检收库效果图　　　　　　　　　　　　　　　▲ 停车列检库效果图

▲ 车辆段鸟瞰效果图

■ 项目特点

本项目合理控制建筑规模，较好地节约了城市用地，节省了成本造价。
（1）采用大柱跨网架结构设计。
（2）建筑外墙采用真石漆，避免采用干挂或湿贴等石材或外墙砖。
（3）自动灭火系统采用高压细水雾技术。
（4）设置贯通式洗车线，洗车效率高。
（5）屋面排水采用虹吸压力流雨水排水系统。

▲ 综合楼效果图

1.5 区间工程

1.5.1 明挖法隧道
Cut and Cover Tunnels

明挖法是指在围护结构的保护下，从地面向下开挖至基底，创造施工空间，进而完成主体结构施工的一种方法。明挖法的优势是隧道断面形式可以多样复杂，较易满足建筑限界的要求；缺点是对地面及周边影响较大，且深基坑经济性偏差。因此，明挖法隧道多用于出入段线和配线等埋深较浅或空间要求较高的区段。

广州地铁设计研究院是城市轨道交通行业的龙头企业，在明挖法隧道设计方面经验丰富，技术力量雄厚，设计团队可以根据不同地面的施工条件、地质水文情况等给出安全经济的设计方案，已在广州、深圳、南昌、杭州、西安、长沙、南宁等城市成功完成了大量的工程项目，得到了业主和同行的高度认可。

■ **代表项目**

广州市轨道交通 3 号线厦滘 — 大石区间、出入段线
Guangzhou Metro Line 3 Xiajiao — Dashi Section and Depot Connecting Line

厦滘 — 大石区间接大石站后配线，并接出入段线进入厦滘车辆段，分段采用明挖法施工，明挖断面多样、变化复杂。

设计结合线路条件，细致研究结构渐变及接口关系，合理而又巧妙地对明挖区间的断面进行划分，使结构受力合理，满足运营功能。

▲ 3号线明挖区间与车站节点

▲ 渡线区大跨度隧道

广州市轨道交通 4 号线新造 — 石碁区间
Guangzhou Metro Line 4 Xinzao — Shiqi Sections

新造 — 石碁区间接车辆段出入段线，为暗挖法隧道向路基的过渡段，配线复杂。此外，本段区间还设置了变电所、轨排井等附属设施。

从繁杂的交叉渡线关系中优化布置断面，轨排井段采用悬臂式挡墙结构，既方便轨排施工，又能很好地预留二次浇筑结构的条件，节约了工期和造价。

▲ 4号线明挖渡线

南昌市轨道交通 2 号线南路 — 大岗区间、生米 — 西站南广场区间
Nanchang Metro Line 2 Nanlu — Dagang Section and Shengmi — West Railway Station South Square Sections

南昌九龙湖片区地质条件较好，主要为第四系素填土层、第四系上更新统坡洪积粉质黏土层、第四系中更新统残积粉质黏土层、下伏白垩系上统南雄组泥质粉砂岩。建设时沿线道路及周边基本未实现规划，具备浅埋明挖法施工条件。为减少工程造价，南昌市轨道交通 2 号线南延线共 7 个区间采用放坡明挖法施工，并在南路 — 大岗区间、生米 — 九龙湖南区间首次设置自然通风井，减少机械通风设备，降低了工程造价。

▲ 自然通风井地面风亭

▲ 明挖区间放坡开挖施工

▲ 成型明挖隧道及疏散平台

1.5.2 矿山法隧道
Mining Method Tunnels

矿山法是一种传统的非开挖方法，该方法一般结合超前止水、加固、支护等措施，利用围岩自稳条件进行掘进施工。广州地铁设计研究院从广州市轨道交通 1 号线开始，在矿山法隧道的设计上积累了丰富的经验，具有代表性的工程有广州市轨道交通 2 号线纪念堂 — 越秀公园区间、3 号线客村 — 大塘区间、5 号线淘金 — 区庄区间，目前在北京、南京、武汉、南宁、深圳、西安、无锡、福州等城市也有大量成功的工程实例。

广州地铁设计研究院有关复杂地面环境下大断面矿山法的设计水平在业内处于领先地位，其中 3 号线客村 — 大塘区间暗挖段跨度近 25m，并首次实现了矿山法洞内进行盾构机转体调头的施工工艺；此外，还有位于繁华闹市区车流量密集道路下方浅埋暗挖大跨度隧道、软弱地层小净距隧道等成功工程实例。

■ 代表项目

广州市轨道交通 3 号线客村 — 大塘区间
Guangzhou Metro Line 3 Kecun — Datang Section

客村 — 大塘区间暗挖段设置存车线、交叉渡线、安全线以及 2 号线与 3 号线的联络线，结构形式异常复杂、断面种类繁多，既有大跨度隧道，也有双连拱隧道；既有单线隧道，也有双线隧道及风机房隧道等，还有在区间暗挖段端部设置盾构机转体调头断面的情况。

区间设计时合理选择施工竖井位置，在配线区道岔集中区段设置施工竖井，采用双连拱断面形式进洞，尽量避免从小洞向大洞施工。根据围岩条件，区间共采用了 30 多种断面形式，暗挖段隧道的端部与盾构法隧道相接，设计采用了当时最大的矿山法断面，拱墙 + 梁柱体系暗挖结构，断面宽度约 25m，以满足盾构井整体转体调头的要求，极大地节省了工期。

▲ 3号线矿山法渐变段隧道

广州市轨道交通 5 号线淘金 — 区庄区间
Guangzhou Metro Line 5 Taojin — Ouzhuang Section

淘金 — 区庄区间位于城市中心区主干道，设置了存车线和单渡线，沿线建筑物密集，有 20 世纪 50 年代的危房、四层的区庄立交等建（构）筑物，而且地面交通繁忙，隧道渡线区断面大，工程风险高。

区间设计时，首先合理选择存车线的位置，将存车线设置在周边建（构）筑物相对较少的一侧，避开另外一侧的危房建筑；其次通过路侧两个竖井横通道进入正洞施工，减少对地面交通的影响；最重要的是，设计团队对沿线风险点进行逐一梳理，分别采用预注浆加固、隔离桩等措施，有效地减少了对周边环境的影响，获得了良好的社会效益。

▲ 5号线矿山法隧道

广州市轨道交通 18 号线横沥 — 番禺广场区间
Guangzhou Metro Line 18 Hengli — Panyu Square Section

横沥 — 番禺广场区间全长 25.4km，在番禺广场站南端约 250m 范围并行设置 6 条线路，采用 3 个单洞双线的大断面小净距矿山法群洞隧道。隧道单洞跨度 14.7~19.6m，净距为 1.7~4.6m。对夹岩柱和先行洞采取预应力对拉锚杆、超前小导管支护等保护措施，后行洞开挖之前完成先行洞的模筑钢筋混凝土二次衬砌，以加强先行洞支护的刚度。

▲ 断面施工

1.5.3 盾构法隧道
Shield Tunnels

盾构法是指利用盾构机前端切削装置进行土体开挖、后端拼装装置自动化拼装预制隧道管片，同时通过盾构外壳和成环管片支承四周围岩，保证隧道安全掘进的一种施工方法。

广州地质条件复杂，存在各种不良地质，如软弱地层、砂层、上软下硬的复合地层等，尤其是隧道下穿珠江隧道时还会遇到孤石、溶洞、断裂裂隙发育带等特殊情况。广州地铁设计研究院在盾构法隧道通过以上不良地质的工程实践中积累了丰富有效的经验措施，目前在全国 20 余个城市有大量成功的工程实例。

■ **代表项目**

广州市轨道交通 3 号线沥滘 — 厦滘区间
Guangzhou Metro Line 3 Lijiao — Xiajiao Section

沥滘 — 厦滘区间需要通过珠江航道，隧道所处地层较差，工程风险大。

区间施工时首次采用泥水平衡盾构技术，顺利下穿珠江航道，通过平纵断面的优化及联络通道位置的合理选择，降低了工程风险，为后续工程积累了宝贵的经验。

▲ 3号线盾构隧道

广州市轨道交通 14 号线嘉禾望岗 — 白云东平区间
Guangzhou Metro Line 14 Jiahewanggang — Baiyun Dongping Section

嘉禾望岗 — 白云东平区间沿线多为既有建筑物密集的居民区和工业区，隧道需要穿越岩溶区复合地层，并斜向下穿既有 3 号线正线盾构隧道，工程风险大。

区间施工时首次采用土压 / 泥水双模盾构技术，在岩溶区复合地层顺利下穿既有 3 号线隧道，通过平纵断面的优化及联络通道位置的合理选择，结合岩溶处理加固等措施，降低了工程风险，积累了经验。

▲ 盾构管片标准水下养护

▲ 中间风井基坑施工

▲ 成型隧道

广州市轨道交通 18 号线大盾构区间
Guangzhou Metro Line 18 Large Diameter Shield Tunneling Sections

广州市轨道交通 18 号线是国内第一条 160km/h 的全地下市域快线，可实现南沙至广州东站 30min 快速通达。综合考虑车辆的长期性能、乘客的舒适度、工程的包容性以及软基沉降等因素，设计采用内径 7.7m、外径 8.5m 的盾构隧道。

广州地铁设计研究院针对盾构管片的壁厚、含钢量、特殊钢管片、盾构区间的端头加固、软土地层的纵向变形等重难点进行了系统设计，同时还对管片分块、螺栓连接形式、注浆孔设置、凹凸榫槽等细节构造进行了深入研究，为后续大直径盾构管片设计奠定了坚实的基础。

▲ 沙石区间隧道

▲ 预埋套筒+外挂槽道

广州地铁 APM 线黄埔大道 — 天河南区间、体育中心南 — 林和西区间
Guangzhou Metro APM Line Huangpudadao — Tianhenan Section and Tianhe Sports Center South — Linhexi Section

广州地铁 APM 线全线区间与既有地铁线路存在多处交叉穿越。其中，黄埔大道 — 天河南区间盾构下穿 1 号线，盾构端头距离 1 号线隧道不足 10m，盾构区间顶板与 1 号线隧道底板距离仅有 2.28m，且下穿段为典型的上软下硬地层；体育中心南 — 林和西区间上跨 3 号线，离 3 号线主线隧道净距不足 2m，工程实施难度极大。

设计团队经过充分计算论证，认为隧道施工对既有线路隧道的影响在允许范围之内，要求盾构施工采取加强监测、及时注浆和二次注浆等措施，最终顺利通过。

▲ 广州地铁APM线曲线区间

广佛线祖庙 — 桂城区间
Guangfo Metro Line Zumiao — Guicheng Section

祖庙 — 桂城盾构区间隧道沿主干道行进，下穿多处房屋和河涌，周边环境复杂，洞身多位于强透水的砂层，部分为上软下硬地层。

区间设计时，根据地层和周边环境，在祖庙站采用钢套筒接收盾构机，通过竖井+暗挖的方式建造联络通道，采取桩基托换措施解决与 4 幢房屋 131 根桩基冲突的问题，确保了亚运献礼工程的如期通车。

▲ 管片三环拼装试验

▲ 隧道贯通

深圳城市轨道交通 9 号线红岭 — 文锦区间
Shenzhen Metro Line 9 Hongling — Wenjin Sections

红岭 — 文锦区间位于深圳旧城区，道路狭窄，两侧建筑物密集。

区间设计时，采用优化线路穿越方式、筏板加固、地面注浆加固、大范围钢管片等手段，连续切除 137 根建筑桩基，严格控制建筑物变形在允许范围内，确保了地面建筑和地铁施工的安全。本区间还创造了国内最小间距上跨运营地铁隧道先例，以 0.73m 的极小净距，采用优化线路纵坡、微扰动控制、地面预加固及自动化监测的"组合拳"，确保了穿越施工及运营地铁线路的安全。

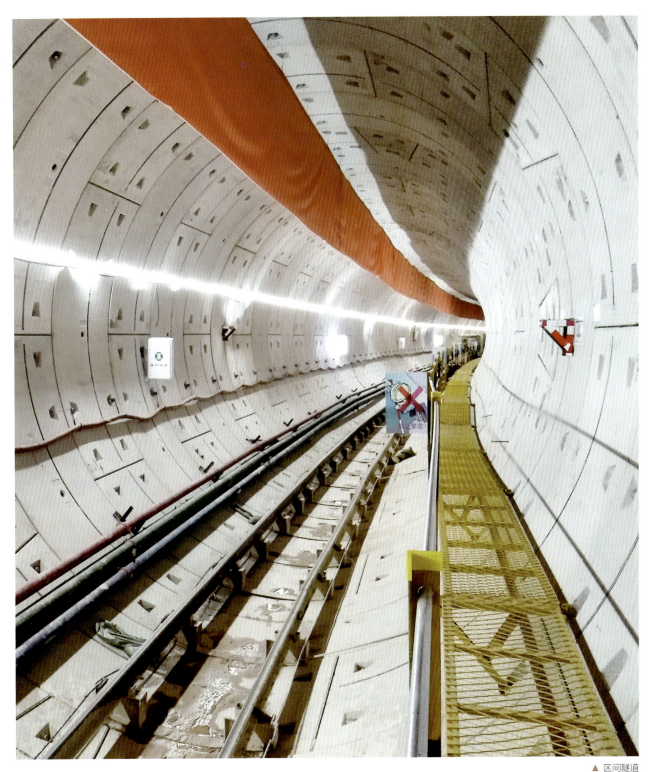
▲ 区间隧道

▲ 冻结层联络通道开挖

▲ 预埋槽道支模

北京地铁 7 号线东延工程郎辛庄 — 万盛东区间
Beijing Subway Line 7 Langxinzhuang — Wansheng Dong Sections

郎辛庄 — 万盛东区间盾构下穿京哈高速并侧穿南大沟桥桥桩，穿越角度较小，隧道结构距桥桩水平净距不足 1 倍洞径，道路及桥梁等级较高，对沉降尤其差异沉降要求严格。

设计团队经计算分析发现，盾构施工对周围土体扰动区呈现 45°区分布，通过局部竖向土体加固可有效隔离扰动传播，极大地减小桥桩的沉降。实际施工时，在桥桩与隧道间打设一排微型高压旋喷桩，对土体扰动传播进行隔断。同时，对试验段与风险区进行自动化监测，数据显示隔断措施作用明显。

▲ 郎黑区间盾构机始发

▲ 黑万区间盾构接收

南昌市轨道交通 2 号线雅苑路 — 福州路区间
Nanchang Metro Line 2 Yayuan Road — Fuzhou Road Sections

雅苑路 — 福州路区间线路穿越赣江，连通一江两岸，穿越城市繁华区，建（构）筑物、管线密集，地质条件复杂，工程风险大。

区间设计时，重点优化线路方案，采取多种措施克服外部复杂问题：首次成功实现富水砂层地铁隧道托换跨江大桥和盾构切削桥桩，顺利通过八一大桥引桥；采用多种加固形式穿越各类建（构）筑物，因地制宜采用多种端头加固、始发、接收方式，效果较好，使得区间顺利贯通。为后续工程积累了宝贵经验。

▲ 盾构隧道托换跨江大桥施工

郑州市轨道交通 3 号线人民公园 — 郑州文庙区间
Zhengzhou Metro Line 3 Renmin Gongyuan — Zhengzhou Wenmiao Sections

人民公园 — 二七广场区间为郑州第一条叠线区间隧道，联络通道高差通过台阶处理（郑州首例），盾构采用专业钢平台接收。

二七广场 — 西大街区间下穿 1 号线，最小净距仅为 292mm，设计采用隔离桩、土压平衡盾构机、加强注浆及监测等措施顺利完成下穿，创造了国内最小净距穿越案例。

西大街 — 郑州文庙区间与 ϕ1800mm 污水管冲突，设计采用水泥土填充再盾构掘进切割废弃管线的方案。施工时盾构掘进正常，最终成功切割。

▲ 盾构区间环形支撑

南宁市轨道交通 3 号线埌西 — 市博物馆区间
Nanning Rail Transit Metro Line 3 Langxi — Nanning Museum Sections

埌西 — 青竹立交区间大小里程端头存在较厚的高渗透富水圆砾层。盾构始发及接收采用密闭钢套筒技术，大幅降低施工风险，并在后续线路类似地层条件中得到推广运用。

青竹立交 — 青秀山区间首次采用预埋槽道技术，减少锚栓打孔对管片结构的损伤，降低化学锚栓后期维护的难度，节约了后期运营维护资源，提高了地铁运营的安全性、可靠性。

青秀山 — 市博物馆区间需下穿邕江，区间隧道承受高水压。通过对盾构管片受力、管片防水密封垫的性能指标、施工过程的精度控制等多方面开展精细化设计，同时引入极限冲刷物理模型试验论证越江区间隧道选址、埋深及防护方案的合理性，克服了邕江复杂水文变化条件，保证了南宁最长越江隧道的安全实施。

▲ 机电安装应用区间预埋槽道

成都地铁 6 号线一、二期工程区间
Chengdu Metro Line 6 Phase I & II Sections

成都地铁 6 号线总里程达 68.76km，建设有 56 座车站，是中国城市地铁一次性开通里程最长的线路。

成都地铁 6 号线一、二期工程区间的轨道设计本着"安全、实用、经济、高效"的原则，遵循"以人为本、技术创新"的设计理念，立足于工程实际，以解决第一线的工程难点为主攻方向，分别完成了漂石地层盾构掘进设计、首次在砂卵石地层中盾构下穿既有运营地铁盾构法隧道、首次在成都砂卵石地层中采用叠线微距盾构法隧道穿越复杂建（构）筑物等创新成果。

西安市地铁 2 号线钟楼 — 永宁门区间
Xi'an Metro Line 2 Zhonglou — Yongningmen Section

钟楼 — 永宁门区间隧道出钟楼站后左线、右线均以 600m 的曲线半径环抱钟楼，线路中心离钟楼基座最小距离为 15.1m。本项目为区间隧道首次穿越国家重点保护文物钟楼和城墙，为此，特别制定了区间隧道穿越钟楼的沉降变形控制标准。

区间设计时，为确保区间隧道安全掘进及运营振动对文物无损伤，在隧道和钟楼基座之间设置隔离排桩；采用隔离桩和袖阀管注浆加固城墙基础，并在地面对城墙门洞进行钢支撑加固。

▲ 成都地铁6号线区间与轨道

▲ 区间通过城墙

1.5.4 顶管法隧道
Pipe Jacking Tunnels

顶管法是继盾构法之后发展起来的一种地下结构非开挖建造方法。与盾构法不同，顶管法推动装置设于隧道尾端，线路过长时需要设置中继间增加顶进力。因此，顶管法多用联络通道、立交隧道等线路较直、纵向坡度较小的情况。以隧道形状分类，顶管法隧道可以进一步细分为圆形顶管隧道和矩形顶管隧道，其中矩形顶管隧道断面利用率高、经济性好、覆土要求较低，是目前机械化施工技术发展的重点之一。

广州地铁设计研究院在顶管法隧道设计方面工程业绩丰富，在广州及国内其他主要城市如深圳、西安、长沙、福州等有多个成果案例；同时，参与编制了广东省地方标准《矩形顶管工程技术规程》（DBJ/T 15-229—2021）等技术指引，为推动我国轨道交通行业机械化技术升级做出贡献。

▲ 顶管管节吊装

■ 代表项目

福州市轨道交通 4 号线省立医院 — 东门区间
Fuzhou Metro Line 4 Provincial Hospital — Dongmen Section

省立医院 — 东门区间顶管段位于鼓楼区东大路，长度190.4m，沿线主要为中低层建筑，其中尚铺与隧道的最小水平距离约6.2m。顶管外包尺寸为10.8m×7.5m，管节厚度700mm，管节宽度1500mm，顶管区间隧道覆土厚度9.8~10.0m。

本段为国内运用于地铁区间正线带辅助线的最大跨度断面顶管隧道，对于后期沉降要求较高，区间采用在底部预留注浆孔的方式，对隧底软弱地层进行注浆加固。沿线受众多管线及敏感建筑影响，沉降变形控制严格，施工过程中，通过采取建模注浆孔注浆、及时压注厚浆、管片外侧涂蜡等措施，较好控制了地面沉降问题。

▲ 顶管始发

▲ 顶管掘进

1.5.5 高架区间
Elevated Sections

高架区间常用的桥梁施工工法包括现浇工法和节段预制拼装工法等，其中节段预制拼装工法是目前技术发展的重点之一。节段预制拼装工法是将桥梁的梁体沿纵向划分为节段，在工厂预制后运输至桥位进行组拼，即先"化整为零"后再"化零为整"，并施加预应力使之成为整体结构物的一种桥梁建造方法。节段梁具有质量优、重量轻、体积小、运输架设灵活等特点，但对线形、技术及质量控制等要求高，需要精细化设计施工管理。

广州地铁设计研究院在节段预制拼装桥梁的设计上积累了丰富的经验，代表性的工程有广州市轨道交通 4 号线、6 号线、14 号线和 21 号线，同时在全国多个城市如上海、深圳、重庆、无锡、香港、澳门等有成功案例。其中，广州市轨道交通 4 号线采用该工法成功建成约 16km 长高架桥；广州市轨道交通 14 号线无支座全刚构体系节段预制拼装桥梁综合技术达到了国际领先水平。

■ 代表项目

广州市轨道交通 4 号线新造 — 石碁区间
Guangzhou Metro Line 4 Xinzao — Shiqi Sections

新造 — 石碁区间起点位于番禺区兴业大道南侧，接区间明挖法隧道，终点位于金山大道南侧，接高架段桥梁，线路右侧为 4 号线车辆段，设有出入段线与正线连接，正线长 3km，出入段线长 690m。区间桥梁设计采用预制节段拼装法，在国内城市轨道交通领域尚属首次，梁体预制节段制作精良、外观平整、颜色均匀明亮，梁体柔和的线条和墩柱的力度形成了刚柔并济的风格。

▲ 4号线区间高架桥

广州市轨道交通 14 号线一期工程高架区间
Guangzhou Metro Line 14 Phase I Elevated Sections

14 号线一期工程高架线路长 32.5km，占整条线路的 60%。典型标准段、跨线桥、斜跨路、喇叭口桥梁均采用无支座全刚构体系，支座运维成本减少；总结制定的轨道交通全刚构体系节段预制拼装桥梁的设计技术标准，为我国首部行业节段拼装设计标准；4×40m 标准段采用无支座全刚构体系桥梁综合技术，达到国际领先水平。

▲ 14号线一期高架区间

▲ 喇叭口刚构桥墩

▲ 150m斜腿刚构桥

▲ 标准段

无锡地铁 2 号线庄桥 — 查桥区间
Wuxi Metro Line 2 Zhuangqiao-Zhaqiao Sections

庄桥 — 查桥区间呈东西走向，线路长约 6.6km，标准梁型首次采用 35m 现浇简支大箱梁，曲梁曲做，线形优美流畅；跨路口变高度连续梁采用底板定长、变腹板斜率的设计理念，取消中支点桥墩的凸起现浇块，景观效果好；上部结构箱梁与桥墩比例协调一致，排水管内置于梁部及桥墩内，整体造型简洁。

▲ 上跨京沪高速公路

▲（40+60+40）m 连续梁

▲ 优化的下地段

▲ 车辆进站

宁波市轨道交通 1 号线芦港 — 望春桥区间
Ningbo Rail Transit Line 1 Lugang — Wangchun Bridge Sections

芦港 — 望春桥区间设计时，变高度连续梁桥采用了底板定宽、变腹板斜率的设计理念，避免了中墩支座摆放宽度不够需凸起的现浇块，景观效果更好。桥梁排水管内置于梁部及桥墩，整体造型更简洁清爽。

▲ 徐家漕长乐站鸟瞰图

▲ 芦港站鸟瞰图

福州至长乐机场城际铁路乌龙江大桥
Fuzhou Metro Binhai Express Wulong River Bridge

乌龙江大桥大跨部分采用（70+140+168+140+70）m 五连跨，主梁为变截面混凝土梁，拱肋采用钢箱拱；造型构思取自潮水涌浪，中间大拱接两边小拱，寓意福州经济和社会发展如浪潮般不断进步，也突出大桥"潮涌·闽江"的设计主题。为保障河道行洪能力，标准段创新采用 40m 装配式小箱梁以增大跨江段标准梁跨径，为国内城际铁路首例。

为达到连拱曲线似潮涌的效果，拱肋通过外伸的墩顶横梁与主梁形成结构体系，拱座在箱梁腹板之外，该构造为国内首例。此外，乌龙江大桥还是国内首次在城际铁路跨江段应用 40m 装配式小箱梁的大桥，并完成相关风 — 车 — 桥耦合分析及静载试验反力架和制运架成套装配研发。

▲ 乌龙江大桥日景

▲ 乌龙江大桥夜景

武汉市轨道交通 4 号线永安堂 — 黄金口停车场区间
Wuhan Metro Line 4 Yong'antang — Huangjinkou Section

4 号线高架区间桥梁跨越 100m 宽的景观河 — 琴断口小河，为避免破坏现有河堤的自然生态，并考虑为未来琴断口小河景观改造留设条件，设计采用（70+120+70）m 预应力混凝土连续梁跨越；高架线路在三环线孟家铺互通立交段采用（45+2×70+45）m 预应力混凝土连续梁跨越。桥梁上部结构采用挂篮悬臂分段浇筑的施工方法，先边跨合拢后中跨合拢施工。

▲ 区间高架桥

▲ 区间外景

▲ U形槽

▲ 区间断面

1.6 机电系统

1.6.1 环境工程
Environmental Engineering

1.6.1.1 隧道通风系统
Tunnel Ventilation System

隧道通风系统是确保城市轨道交通正常安全运营的重要系统之一，为列车正常运行提供所需的隧道环境条件。当城市轨道交通阻塞运行时，隧道通风系统给阻塞区段通风以保障列车空调正常工作；当城市轨道交通发生火灾时，隧道通风系统可以迅速排除烟气，为乘客安全提供保障。

广州地铁设计研究院在2001年完成了广州市轨道交通2号线屏蔽门制式隧道通风系统设计后，不断创新隧道通风系统设计与设备配置，在广州各线及全国多个城市推广应用，获得多项省、市优秀设计奖以及多项国家专利技术，并将系统设计创新技术资料整理出版，同时参与多部国家和行业规范的编写工作。

▲ 隧道通风系统地面风亭

▲ 卧式隧道风机

■ **代表项目**

广州市轨道交通4号线隧道通风系统
Guangzhou Metro Line 4 Tunnel Ventilation System

广州市轨道交通4号线隧道通风系统采用了车站隧道排风系统与区间隧道通风系统合并设置的形式，车站只设置4台隧道风机，风机采用变频控制。该系统在满足系统功能要求的前提下，减少了风机和活塞风道的数量。

系统优点：

①系统功能全面，除了满足正常、阻塞、火灾三种运行模式要求以外，还能保证区间横向疏散时，逃生隧道与事故隧道的相对正压。
②活塞风道的数量减少一半，机房的占地面积也相应减少，有利于压缩车站规模，降低土建初始投资成本。
③风机的数量减少，降低了机电系统的初始投资成本。

▲ 站台通风空调

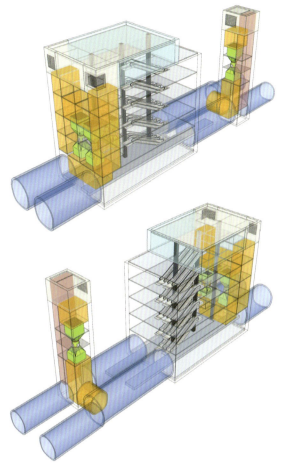

▲ 深埋车站立式风机布置图

▲ 地面风亭

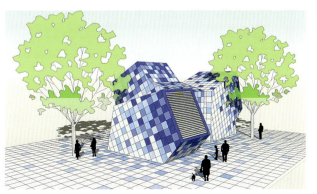

▲ 地面风亭设计图

1.6.1.2 集中供冷系统
Central Cooling System

地铁车站一般采用分站的供冷方式,即在每个车站分别设置独立的冷水机房和冷却塔,将冷却塔放置在车站附近的地面上。而穿越中心城区的地铁线路的部分车站因地下空间有限,地面难以放置冷却塔。广州市轨道交通2号线、3号线、4号线、5号线、6号线、8号线、10号线、11号线等多条线路的多个车站设计采用了集中供冷技术。与分站供冷相比,地铁集中供冷是集中设置冷站,一般采用大型高效率的制冷机组,将冷冻水输送到各车站的末端,各车站不再设置制冷机房,冷却塔在集中冷站地面附近集中放置,可减少对市容环境的影响,节约用地,节省地铁运营费用。

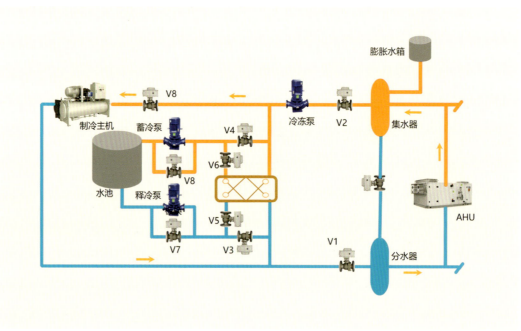
▲ 带板换水蓄冷原理图

■ **代表项目**

广州市轨道交通2号线萧岗集中冷站
Guangzhou Metro Line 2 Xiaogang Central Cooling System

广州市轨道交通2号线为国内首条采用集中供冷的地铁线路,萧岗集中冷站位于2号线北延长线上,系国内地铁项目首次采用空调水蓄冷技术的集中冷站,设置于萧岗站南端折返线明挖的可利用空间内。萧岗集中冷站设置了3个800m³的蓄冷水池,为6个车站的大小系统提供空调冷冻水。同时,还设置了3台同冷量的螺杆机及变频二次泵,通过区间隧道敷设的供回冷冻水管道输送至车站空调末端,冷冻水采用供回水温度为7℃/17℃的大温差技术。

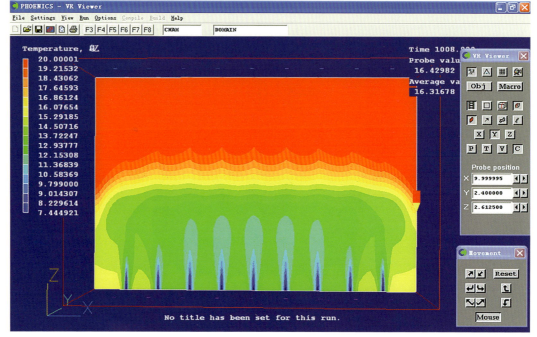
▲ 蓄冷空调负荷分析

广州市轨道交通 2 号线海珠广场集中冷站
Guangzhou Metro Line 2 Haizhu Square Central Cooling System

海珠广场集中冷站位于 2 号线与 6 号线换乘站海珠广场站，系国内地铁项目首次采用珠江水直流冷却技术的集中冷站。通过引用珠江水对冷水机组进行冷却，不必在室外设置冷却塔，避免了冷却塔对室外环境的影响，降低了集中冷站的运营费用。

▲ 集中冷站冷水机房

1.6.1.3 车站环控系统
Station Environmental Control System

车站环控系统主要为乘客和工作人员提供一个适宜的人工环境，满足其生理和心理上的需求，主要由车站公共区通风空调及防排烟系统、设备管理用房通风空调及防排烟系统、空调冷源系统组成。当车站发生火灾事故时，环控系统还可以提供迅速有效的排烟手段，为乘客和消防人员提供足够的新鲜空气，并形成一定的迎面风速，引导乘客安全迅速地撤离火灾现场。

■ **代表项目**

广州市轨道交通 13 号线白江站、新塘站高效制冷机房
Guangzhou Metro Line 13 Baijiang Station and Xintang Station High Efficient Chiller System

白江站、新塘站为城市轨道交通工程高效制冷机房项目的典范，两站首次在国内城市轨道交通行业达到能效超过 6.0 的目标，远超国内轨道交通行业机房能效 2.5~3.0 的平均水平，节能效果显著，具有广泛的推广价值。

▲ 高效冷水机房

广州市轨道交通 18 号线通风空调系统
Guangzhou Metro Line 18 Environmental Control System

广州市轨道交通 18 号线通风空调系统致力于建设成"先进轨道交通低碳智能型系统"，为了实现这一目标，18 号线通风空调系统采用多项新技术、新设备及新工艺，"碳"寻轨道交通模式下的智慧化通风空调系统，是广州地铁高效通风空调系统经过多站示范后推广到全线应用的第一条线路，也是全国首条按线路级建设及高能效目标考核的线路，首次实现在全线车站制冷机房全年平均综合制冷性能系数（COP）不低于 5.0、空调系统综合制冷性能系数不低于 3.5 的能效目标，正式实现了从"站"到"线"的跨越。

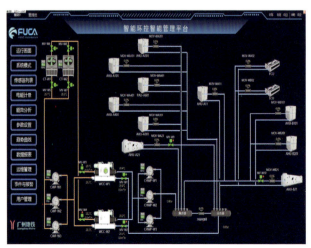

▲ 智能环控设备监控系统模式下的节能控制系统

▲ 基于BIM技术的装配式冷水机房

深圳城市轨道交通 20 号线国展南站蒸发冷凝直膨空调系统
Shenzhen Metro Line 20 Shenzhen World South Station Evaporative Condensation Direct Expansion Air Conditioning System

国展南站是深圳首个采用蒸发冷凝直膨空调系统的地铁车站。蒸发冷凝直膨空调系统无需冷却塔，避免了噪声、漂水、卫生等诸多问题；无需循环水泵，减少输送能耗；无需冷水系统，减少冷量损失；同时，通过采取有效措施，本系统解决了冷媒泄漏、冷却水结垢、排风道卫生等关键技术问题，充分展现出蒸发冷凝直膨空调系统安全、环保、节能、友好的积极应用效果。2022 年国展南站制冷机房全年平均 COP 为 4.5，作为解决冷却塔问题的最有效方式之一，蒸发冷凝直膨空调系统在国展南站的成功应用为后续线路建设提供了有效的参考和借鉴。

▲ 蒸发冷凝装置

苏州市轨道交通 4 号线三元坊站智能超高效空调系统
Suzhou Metro Line 4 Sanyuanfang Station Intelligent Ultra－efficient Air Conditioning System

三元坊智能超高效空调系统是在既有设备的基础上升级改造而成，已连续 3 个空调季制冷机房年累计 COP 值达到 5.0，成为华东区域首个、江苏省首个、苏州市首个机房 COP 迈入 5.0 的既有轨道交通车站智能高效空调系统。三元坊站智能超高效空调系统一个完整空调季节能率为 33.1%，节用电量约为 129720kW·h，成为苏州轨道交通最经济、最绿色、最节能、最舒适的"双碳"标杆工程。

三元坊站节能效果显著，投资小，回报周期短，在既有线高效空调系统改造中具有广泛的推广价值。

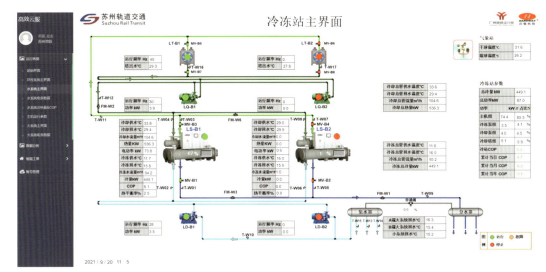

▲ 三元坊站机房COP年累计5.0

▲ 三元坊站冷水机房

1.6.1.4 声屏障
Noise Barriers

广州市轨道交通声屏障采用新型低矮式圆弧形声屏障，面向车辆的一面为全吸声结构，圆弧形声屏障的顶端"紧贴"车辆车身，可有效降低高架段的地铁噪声。

圆弧形声屏障与地铁高架桥梁轻巧、明快的风格一致，高架内外景观视野开阔，在国内城市轨道交通声屏障应用中属于新型设计。

■ 代表项目

广州市轨道交通 4 号线声屏障系统
Guangzhou Metro Line 4 Noise Barriers

广州市轨道交通 4 号线高架区间共设置 7446m 圆弧形声屏障，是国内城市轨道交通首次采用圆弧形全吸声式声屏障技术的线路。与传统的直立式声屏障相比，圆弧形全吸声式声屏障利用列车车体与屏障的配合，制造出一个"有缝的隔声罩"，对降低列车轮轨噪声有较为明显的作用。

广州市轨道交通 6 号线声屏障系统
Guangzhou Metro Line 6 Noise Barriers

广州市轨道交通 6 号线全线高架区间设置了组合式圆弧形低矮声屏障系统，即桥梁挡板上圆弧形低矮声屏障（底部为一体式双层吸声尖劈）+ 疏散平台下方声屏障，声屏障总长度 5098m，疏散平台下方设置的声屏障长度为 2471m，有效降低了列车运行噪声对高架两侧的影响。组合式圆弧形低矮声屏障系统在满足轨道交通隔声降噪要求的同时，还提升了高架整体景观效果。

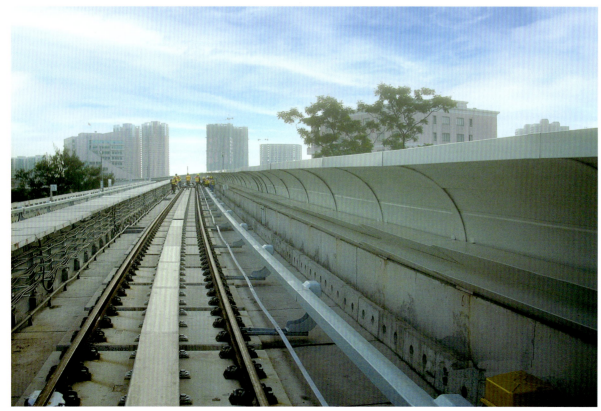

▲ 4号线声屏障

▲ 6号线声屏障

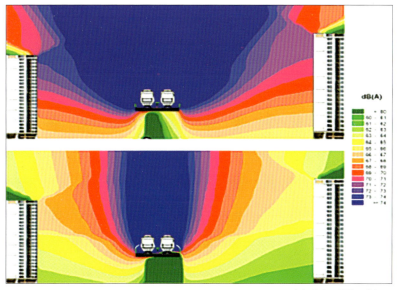

广州市轨道交通 21 号线声屏障系统
Guangzhou Metro Line 21 Noise Barriers

广州市轨道交通 21 号线对高架沿线可能的噪声风险点按高于环评的等效噪声要求进行分类，瞬时噪声超标的噪声风险点统一设置声屏障。本项目为首次在桥梁挡板内侧设置吸声装置的工程，并创新采用盒基的立柱形式将土建施工阶段实施的 8.8 级 M24 普通螺栓置于盒基内，可避免立柱外侧螺栓无法检修到的问题。螺栓全部位于盒基内，运营人员在夜间停运巡检时可方便查看每根立柱处的螺栓是否松动，确保屏体的牢固，降低安全隐患，增强声屏障的耐久性，进而降低运营维护成本。

▲ 高架噪声三维效果分析图

广州市轨道交通 14 号线赤草 — 从化客运站区间新型声屏障系统
Guangzhou Metro Line 14 Chicao-Conghua Coach Terminal Section Noise Barriers

赤草 — 从化客运站区间结合"十三五"国家重点研发计划项目"复杂环境下轨道交通土建基础设施防灾及能力保持技术"课题研究成果，采用了新型声屏障，该声屏障由共鸣吸声阵列和导流叶片组合构成，共鸣吸声阵列可针对城市轨道交通噪声的特定频率进行降噪，导流叶片可通过合理的参数设计调整流场分布，从而取得更高的安全性和更好的舒适性。

▲ 14号线新型声屏障系统

1.6.1.5 车站给排水系统
Water Supply and Drainage System

城市轨道交通车站给排水系统是确保线路正常安全运营必不可少的配套设施，给排水系统与建筑、结构、环控、防灾、监控、供电等专业系统有着密切联系，系统的设计又与周边市政配套设施紧密相关。

■ **代表项目**

广州地铁 APM 线真空排水系统
Guangzhou Metro APM Line Vacuum Drainage System

广州地铁 APM 线是首条全线卫生间均设置真空排水系统的线路，真空排水系统通过一系列真空泵和真空管道网络，将废水和污水收集到真空泵站。由于系统采用负压传输原理，只需消耗少量能量就可以输送大量废水和污水，降低了能源消耗和运行成本。此外，真空排水系统还可以有效减少污水泄漏和气味排放，提高排水系统的环境友好性，满足人们对清洁环境和健康生活的需求。

▲ 真空设备机房

▲ 消防泵房

苏州市轨道交通 5 号线车站给排水系统

Suzhou Rail Transit Line 5 Water Supply and Drainage System

苏州市轨道交通 5 号线车站给排水系统在苏州首次采用装配式消防泵房、首次在站台卫生间采用同层排水、首次采用道床内置式泵房和区间真空排水系统，本项目取消了区间联络通道泵房，降低了联络通道泵房土建施工风险。

▲ 设备区走道管综

▲ 区间给排水设计

南昌市轨道交通 2 号线南延线给排水系统

Nanchang Metro Line 2 South Extension Water Supply and Drainage System

城市轨道交通污水泵房的检修和维护工作环境恶劣，某些泵房甚至存在生活污水外溢的可能。为了给运营维护人员创造良好的工作环境，南昌市轨道交通 2 号线南延线车站污水排放均采用一体化密闭式污水提升装置，创新性地考虑在泵房内设置检修平台，非特殊情况下，工作人员只需在平台处进行设备的检修、巡查和地面的冲洗操作，不需要再下到设备基坑内，给工作人员的检修带来了极大的便利。

▲ 密闭提升系统示意图

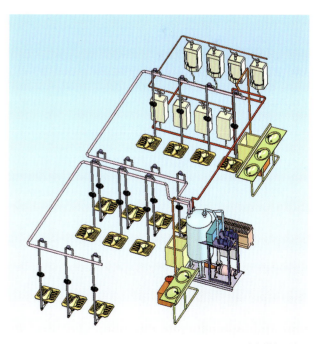
▲ 真空排水系统图

1.6.1.6 自动灭火系统
Automatic Fire Suppression System

城市轨道交通是一项综合交通运输系统,为确保列车安全运营,地下车站的变电所、通信及信号设备室、环控电控室及主变电站等重要区域(均为忌水的灭火场所),均设置高效、安全的自动灭火系统。

■ 代表项目

广州市轨道交通5号线 IG541 气体自动灭火系统
Guangzhou Metro Line 5 Automatic Fire Suppression System(IG541 Gas)

IG541是一种无色、无味、无毒、不导电的混合气体灭火剂,由52%氮气、40%氩气、8%二氧化碳三种气体组成,臭氧耗损潜能值ODP=0,温室效应潜能值GWP=0,其在大气中存留的时间很短。IG541气体自动灭火系统通过窒息作用使火灾不能维持燃烧而达到灭火的目的,在灭火时不会发生化学反应,具有不污染环境、无毒、无腐蚀、电绝缘性能好等特点,是一种绿色环保型灭火系统。广州市轨道交通5号线全线有26座地下车站与1座段场,在供电、通信、信号等重要电气设备用房内均设置有IG541气体自动灭火系统,目前运维情况良好。

▲ 自动灭火末端

▲ 自动灭火设备

▲ 高压细水雾系统泵组

▲ 高压细水雾系统试喷

▲ 高压细水雾系统喷头

广州市轨道交通 21 号线 IG541 气体自动灭火系统
Guangzhou Metro Line 21 Automatic Fire Suppression System（IG541 Gas）

广州市轨道交通 21 号线全线有 17 座地下车站与 3 座段场，共 301 个防护区设置 IG541 组合分配式自动灭火系统。基于原有系统，广州地铁设计研究院进行了系统创新与升级改造：在控制子系统方面，优化 IG541 气体自动灭火系统与 FAS（火灾自动报警系统）系统的接口，简化系统设计，减少工程投资；在管网子系统方面，在勿喷处理上选用了低泄高阻阀等有效措施，提高了系统的可靠性、安全性。

▲ IG541气体自动灭火系统主要设备及材料

▲ 气瓶间布置

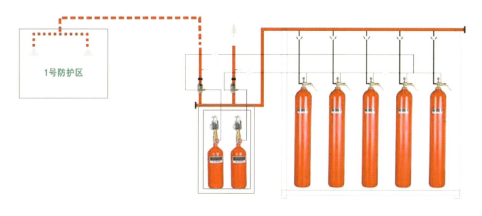

▲ IG541气体自动灭火系统示意图

▲ 车控室FAS主机和气体主机

广州地铁 APM 线高压细水雾自动灭火系统
Guangzhou Metro APM Line Automatic Fire Suppression System（High Pressure Water Mist）

在淘汰哈龙气体灭火系统后，细水雾自动灭火系统在 20 世纪末得到了快速发展，并逐步广泛应用于各个行业。为了在广州市城市轨道交通消防设计中寻找一种技术先进、成熟可靠、环保的自动灭火系统，提升广州市城市轨道交通消防设计水平，细水雾自动灭火系统在广州地铁 APM 线进行了有益的应用。目前，广州地铁 APM 线全线 9 座地下车站及 1 座地下停车场的重要电气设备房，均采用了高压细水雾自动灭火系统。

深圳城市轨道交通 20 号线七氟丙烷自动灭火系统
Shenzhen Metro Line 20 Automatic Fire Suppression System (Heptafluoropropane)

深圳城市轨道交通 20 号线采用七氟丙烷自动灭火系统，该系统具有灭火性能好、灭火时间短、设计浓度和储存压力较 IG541 气体自动灭火系统低、所需要的储存气瓶数量少、气瓶间面积小等优点。系统设计时，采用环保洁净的灭火介质；保护对象设置合理，安全性和经济性兼顾；系统控制方式安全可靠；合理设置系统，减少土建投资；在每个气瓶间设置一套气瓶压力监测系统，实现消防气瓶压力的实时在线监测和气体灭火系统的检修隔离功能。

1.6.2 电气工程
Electrical Engineering

1.6.2.1 供电系统
Power Supply System

供电系统是城市轨道交通工程基础的电力设施，向各机电设备系统提供安全、可靠、优质的电力，满足各系统的用电要求，主要功能包括接受并分配电能、降压整流及输送直流电能、降压及动力配电并保障系统安全可靠地运行。

广州地铁设计研究院承担了广州地铁 APM 线供电系统、广州市轨道交通 18 号线首通段供电系统、深圳城市轨道交通 9 号线工程供电系统、南昌市轨道交通 4 号线工程供电系统、广州市轨道交通 14 号线工程供电系统等项目，业务覆盖西北、华北、华东、华中、华南等地区。

▲ 变电所室内设备布置

■ 代表项目

广州地铁 APM 线供电系统
Guangzhou Metro APM Line Power Supply System

广州地铁 APM 线共设 5 座 10kV 开关柜室、6 座牵引所和 10 座降压变电所。

工程特点：

（1）广州城市轨道交通正式外部电源和中压网络中首次应用 10kV 供电制式。

（2）我国城市轨道交通行业首次应用 10kV GIS（气体绝缘开关设备）开关柜。

（3）牵引供电系统为全国首次自主设计施工的三相 AC600V 供电制式，实现了 AC600V 接触轨系统和特种 $AC95mm^2$ 上网电缆的国产化生产。

（4）全国首次在 600V 侧采用动态无功补偿。

▲ 区间隧道供电轨

广州市轨道交通 18 号线供电系统
Guangzhou Metro Line 18 Power Supply System

广州市轨道交通 18 号线首通段共设 8 座车站、1 座车辆段和 1 座停车场，由龙珠、陇枕和赤沙滘 3 座主变电所供电。

工程特点：

（1）国内首次实现全线同相位无断电区的交流牵引供电系统。

（2）国内首次采用轨道交通智能化同相供电技术及装置，具有节能环保等特点。

（3）国内首次采用全地下 160km/h 刚性悬挂接触网，节省安装空间，减少运营维护成本。

深圳城市轨道交通 9 号线供电系统
Shenzhen Metro Line 9 Power Supply System

深圳城市轨道交通 9 号线共设 12 座牵引变电所和 7 个供电分区，由侨城东和体育北 2 座主变电所供电。

工程特点：

（1）盾构管片预埋滑槽，提高管线安装的效率及灵活度。

（2）采用适用于预埋滑槽的刚性接触网悬挂方案，隧道内取消打孔安装，改为全装配式设计，大大简化施工流程，提高效率。

（3）杂散电流监测系统集成至综合监控系统，实现车辆段综合监控的高度集成。

南昌市轨道交通 4 号线供电系统
Nanchang Metro Line 4 Power Supply System

南昌市轨道交通 4 号线共设 29 座车站、1 座车辆段和 1 座停车场，由彭家桥、云天路和希望大道 3 座主变电所供电。

工程特点：

（1）南昌首条选用 B1 类阻燃等级电力电缆的线路，防火性能更优。

（2）南昌首条使用高架区段复合材料电缆槽的线路，减轻桥梁负荷，简化维护。

（3）中南地区首条采用接触网直流融冰系统的地铁线路，以防止冰覆影响运营。

（4）国内首条采用接触网非金属腕臂的地铁线路。

▲ 高架架空柔性接触网

▲ 基于预埋滑槽的接触网装配式安装

▲ 环网电缆敷设

▲ 高速刚性接触网

1.6.2.2 车站动力配电系统
Station Power Distribution System

车站动力配电系统是城市轨道交通运营的基础设施，负责为车站及相关设备提供稳定的电力供应，以保障城市轨道交通系统的正常运行。

广州地铁设计研究院承担了广州、深圳、北京、西安、成都、福州、无锡等国内众多地铁线路的工点设计，并获得了多项国家、省、市级优秀勘察设计奖。

■ 代表项目

广州市轨道交通 3 号线智能配电系统
Guangzhou Metro Line 3 Intelligent Power Distribution System

广州市轨道交通 3 号线的智能配电系统由控制器、通信网络、智能元件组成。

工程特点：
（1）首次在城市轨道交通行业采用全面的智能低压系统。
（2）智能低压系统功能强大、可靠性高、接线简单、自动化程度高，现场安装调试周期短，便于运营维护。
（3）智能低压系统可对环境、给排水与消防、供配电等开展测量、控制、监视等工作。

▲ 智能配电系统调度

广州市轨道交通 4 号线公共区照明母线智能配电系统
Guangzhou Metro Line 4 Intelligent Busbar Power Distribution System for Public Area Lighting

广州市轨道交通 4 号线的配电系统融入了国际领先的智能配电、智能照明控制、完美的照明管线集成、高度集成的管理系统。

工程特点：

（1）首先在国内城市轨道交通行业采用照明母线智能配电系统。

（2）首次全面系统地提出了照明模式控制的方式和火灾模式下的车站公共区、设备区的分区控制方式。

（3）高架车站首次引入了照度模式控制，具有灵活、专业的特点。

▲ 广州市轨道交通4号线公共区照明

广州市轨道交通 5 号线珠江新城站动力配电系统
Guangzhou Metro Line 5 Zhujiang New Town Station Power Distribution System

珠江新城站位于广州珠江新城 CBD，是广州市轨道交通 3 号线和 5 号线之间的换乘站。5 号线珠江新城站的动力配电系统结合 3 号线的智能低压系统，改变了传统地铁车站环控系统的控制方式，简化设备布线，提升了车站设备管理水平。

▲ 环控电控室

南宁市轨道交通 1 号线供配电智能系统
Nanning Rail Transit Metro Line 1 Intelligent Supply and Distribution System

南宁市轨道交通 1 号线车站全面设置供配电智能系统、中压大环网供电系统、轨道交通集中供电式电源系统等多套智能化系统设备。

工程特点：

（1）首次针对轨道工程供配电智能系统提出全面采用智能化设计思路，并将该思路贯彻到系统末端的智能就地手操箱。

（2）国内首次提出在车站大面积采用 1W 大功率 LED 光源的智能照明系统。

（3）国内首次实现轨道交通主变电站动态无功补偿装置水冷方式避免风冷噪声。

▲ 供配电智能系统400V开关柜室

1.6.2.3 屏蔽门、电扶梯、防淹门
Platform Screen Doors, Escalators, Flood Protection Doors

屏蔽门、电扶梯、防淹门是城市轨道交通系统中不可或缺的重要设施，它们提高了站台的安全性，同时方便乘客的出行。

广州地铁设计研究院目前承担了广州、西安、北京、成都、武汉、南昌、深圳、南宁、南京、长沙、洛阳等国内多个城市的电扶梯、屏蔽门、防淹门系统设计项目，其中广州、西安、北京、成都等地的地铁项目已经陆续通车运营，运营效果良好。

■ 代表项目

广州市轨道交通 1 号线屏蔽门改造工程
Guangzhou Metro Line 1 Platform Screen Door Retrofit Project

广州市轨道交通 1 号线是在已开通运营的基础上进行屏蔽门系统设备加装的地铁线路。

工程特点：
（1）屏蔽门隔离车站与区间隧道间的气流，避免列车运行对车站产生的热负荷影响。
（2）取消迂回风道和洞口空气幕系统，简化车站环境控制系统，降低运营能耗，节省运行费用。
（3）为乘客创造良好的候车环境，增强乘车体验。

▲ 站台屏蔽门系统

广州市轨道交通 2 号线屏蔽门系统
Guangzhou Metro Line 2 Platform Screen Door System

广州市轨道交通 2 号线是国内首个应用屏蔽门系统的轨道交通示范工程。

工程特点：
（1）屏蔽门隔离站台区域与列车运行区域，避免冷热气流的交换，降低运营能耗，保证乘客候车的安全和舒适度。
（2）屏蔽门可降低列车运行噪声对车站的影响，消除列车活塞风对车站的影响，保证乘客候车的舒适度。

▲ 站台全封闭屏蔽门系统　　　　　　　　　　　　　　　▲ 屏蔽门顶箱

广州市轨道交通 3 号线电扶梯系统
Guangzhou Metro Line 3 Escalator System

广州市轨道交通 3 号线电扶梯系统包括自动扶梯、电梯和楼梯升降机。自动扶梯将地面上的乘客迅速、安全、舒适地送入地铁站台或将下车的乘客送到地面；电梯与楼梯升降机共同组成一条无障碍通道，为坐轮椅的乘客服务，电梯还可兼作设备更换维修时零部件的运输设备。

工程特点：

（1）首次对国家规范中未定义的公共交通重载型自动扶梯提出了具体指标。

（2）电扶梯系统采用变频节能技术、高效率驱动主机、ECO（节能）模式等，节能效果较好。

▲ 出入口扶梯

▲ 室内垂直专用电梯

洛阳城市轨道交通 1 号线电扶梯、站台门系统
Luoyang Subway Line 1 Escalator and Platform Screen Door System

洛阳城市轨道交通 1 号线作为中西部地区非省会城市的首条地铁线，是洛阳轨道交通线网体系实施的第一条线路，覆盖洛北地区东西向主要客流走廊，连接涧西区、西工区、老城区、瀍河回族区等多个重要区域。线路电扶梯、站台门系统通过综合监控系统集成和互联多个地铁自动化系统，形成统一的计算机监控管理平台。

工程特点：

（1）地下车站和高架车站分别采用全高转换式站台门和高站台门设计，夏天可防止冷量流失，冬天可利用活塞风效应对车站进行通风换气。

（2）电扶梯控制综合至综合监控系统，协助车站实现在早间运营及晚间停运时一键开关站功能。

▲ 全封闭站台门

广州市轨道交通 4 号线防淹门系统
Guangzhou Metro Line 4 Flood-Protection Gate System

广州市轨道交通 4 号线防淹门系统分别设置在万胜围站南端及北端、大学城北站北端、新造站北端，用于防止洪水灾害扩大至全线车站及地铁线网，保护车站设备及人员的安全。4 号线防淹门系统采用平面滑动式闸门，启闭机采用双钩电动葫芦，结构简单，操作灵活，维修方便。

▲ 防淹门设备室

1.6.3 自动化和通号工程
Automation and Communication Engineering

1.6.3.1 综合监控系统
Integrated Supervisory Control System

综合监控系统通过集成多个主要城市轨道交通弱电系统，形成统一的监控层硬件平台和软件平台，实现对城市轨道交通的集中监控和管理、对列车运行情况和客流统计数据的关联监视，以及相关各系统之间的信息共享和协调互动等功能。通过综合监控系统的统一用户界面，运营管理人员能够更加方便有效地监控管理整条线路的运作情况。

广州地铁设计研究院于 2002 年率先在广州市轨道交通 3 号线引入了综合监控系统（旧称主控系统），这是综合监控系统在国内轨道交通领域的首次应用。截至目前，已承担全国共 20 个城市、50 多条线路的综合监控系统的设计工作。系统设计时，特别注重加强集成互联系统的联动控制功能、实现综合监控系统数据共享、推进综合监控系统的管控一体化、提高综合监控系统对动态需求的适应性以及利用综合监控系统实现决策支持。

广州地铁设计研究院同时参与编写多部标准和规范，如《地铁设计规范》（GB 50157—2013）、《城市轨道交通综合监控系统工程技术标准》（GB/T 50636—2018）等，得到行业的高度认可。

■ 代表项目

广州市轨道交通 3 号线综合监控系统
Guangzhou Metro Line 3 Integrated Supervisory Control System

广州市轨道交通 3 号线综合监控系统设计时，首次提出集成统一的、关联性强的综合信息平台，以实现信息共享、提高相关事件的反应速度、提高运营管理水平，这也代表了国内地铁控制系统的发展趋势。3 号线采用综合监控系统以后，做到了电力、环境调度管理界面统一，操作简化，响应快速，工作效率高，便于管理和维护，实现了地铁资源共享、信息互通，提高了地铁运营管理水平，进一步提升了地铁服务水平。

3 号线综合监控系统已达到了国内领先水平，在系统组网、网络通信协议的统一及系统配置等技术方面，达到了国际先进水平。

▲ 广州市轨道交通3号线综合监控系统

宁波市轨道交通 1 号线综合监控系统
Ningbo Rail Transit Line 1 Integrated Supervisory Control System

作为宁波市的首条地铁线路，宁波市轨道交通 1 号线综合监控系统采用了以电调和环调为核心的集成模式，共集成和互联了 13 个轨道交通自动化系统，并采用深度集成的模式，将原有的变电所自动化系统、环境与设备监控系统、火灾自动报警系统皆纳入综合监控系统进行统一设计，系统集成范围及深度达到国内先进水平。

▲ 宁波市轨道交通1号线控制中心中央控制室

长沙市轨道交通 3 号线综合监控系统
Changsha Metro Line 3 Integrated Supervisory Control System

长沙市轨道交通 3 号线综合监控系统基于工业化与信息化融合体系，引入车站全景化管理、场景化联动控制等理念及技术，实现城轨系统的智能化运行，运营管理人员能更加方便、更加高效地监控管理整条线路的运行情况，实现地铁信息互通、资源共享，提升智慧化水平，提高地铁运营的安全性、可靠性和快速响应性，最终达到提升乘客服务质量、提高运营管理效率、降低运营管理成本的目的。

▲ 长沙市轨道交通3号线综合监控系统控制中心大厅

1.6.3.2　控制中心工艺
Process of Operations Control Center

城市轨道交通工程控制中心是全线指挥和调度的场所，也是全线主要机电系统中央级设备的布置场所。控制中心工艺设计对于控制中心各相关用房布局、中央控制室、调度管理用房、各系统设备用房、维修管理用房等应具备的条件，以及室内设备布局、调度岗位人员设置等问题提供解决方案。

广州地铁设计研究院在多年的城市轨道交通工程控制中心工艺设计工作中形成了自己的特点，可以概括为注重基于线网的整体规划、注重提高调度指挥的效率、注重方便运营日常的使用、注重降低运营成本。

■ 代表项目

广州地铁公园前控制中心工艺
Guangzhou Metro Gongyuanqian Process of Operations Control Center

坐落在公园前站的控制中心对广州市轨道交通 1 号线、2 号线、8 号线进行统一调度指挥，担负着相关线路的行车组织和运营管理，对于保障地铁安全运行起到至关重要的作用。

本工程在中央控制室设置了由 123 块（3×41 块）、50 英寸（1 英寸 =25.4mm）DLP（数字光处理）显示屏组成的弧形拼接墙系统，这是全国地铁少有的采用如此多大屏幕的项目。大屏幕用于显示 3 条地铁线路的信号系统、电力系统、环境监控系统和 CCTV（闭路监控）的图形信号。在紧急状态下，大屏幕将其中一条线路的图形信息在分区内放大显示，进行实时调度、会商、决策及信息反馈等应急管理，形成总揽全局、防控一体的综合指挥调度综合系统。

广州地铁大石区域控制中心工艺
Guangzhou Metro Dashi Regional Process of Operations Control Center

广州市轨道交通 3 号线、3 号线北延段以及 7 号线的控制中心设在大石区域控制中心内。中央控制室面积 640m^2，设置了由 96 块（3×32 块）、67 英寸 DLP 显示屏组成的弧形拼接墙系统（目前升级为 72 块），用于显示 3 条轨道交通线路的信号系统、电力系统、环境监控系统和 CCTV 的图形信号，并按专业划分调度区域，充分实现调度人员的人力资源共享。

▲ 广州地铁公园前控制中心工艺

▲ 广州地铁大石区域控制中心工艺

南京地铁机场线工程南京南站线网控制中心工艺
Nanjing Metro Airport Line Nanjing South Railway Station Process of Operations Control Center

南京南站线网控制中心主要管辖南京市南城线路，集中合并设置3号线、5号线、6号线、12号线、17号线等5条线路的控制中心，并预留1条线路的监控规模。

南京南站线网控制中心是南京市首个区域控制中心，控制中心以每2条线路为单位，将中央控制室划分为3个相对独立的区域，建设时序相近的2条线路合并在一个调度区域。每2条线路行车调度统一布置在一个区域，环境调度、电力调度统一布置在同一区域。根据专业的不同，中央控制室综合显示屏划分为行车调度、设备调度（电力和防灾）两个部分，每条线路的综合显示屏采用60英寸DLP显示屏拼接而成，显示屏的规模为8列×3行，调度台采用半封闭结构设计。

宁波市轨道交通指挥控制中心工艺
Ningbo Rail Transit Process of Operation & Command Center

宁波市轨道交通指挥控制中心位于东部新城盛梅路的西侧，可满足宁波轨道交通线网规划的各条线路控制及线网运营指挥需求。控制中心由一栋13层的主塔楼和一栋6层的指挥控制中心综合楼组成，可满足6条线路的指挥调度，建筑内部设有线网各线路控制中心、线网运营指挥中心、线网清分中心、线网制票中心、线网乘客信息编播中心、线网信息中心等。

▲ 南京地铁机场线南京南站线网控制中心

▲ 宁波市轨道交通指挥控制中心参观演示室

▲ 宁波市轨道交通指挥控制中心调度大厅

1.6.3.3 自动售检票系统
Automatic Fare Collection System

自动售检票系统是基于计算机、通信、网络、自动控制等技术，实现城市轨道交通售票、检票、计费、收费、统计、清分、管理等全过程的自动化系统。随着社会进入"互联网+"时代，微信、支付宝、人脸识别等支付方式逐步普及，城市轨道交通自动售检票系统也逐步将以上多元化支付技术引入轨道交通领域。

广州地铁设计研究院从20世纪90年代就开展了自动售检票系统的设计工作，积累了丰富的设计经验，目前已承担了国内20多个城市、50多条线路的自动售检票系统设计和多个自动售检票系统标准化研究工作，同时还承担了《地铁设计规范》（GB 50157—2013）和《城市轨道交通自动售检票系统检测技术规程》（CJJ/T 162—2011）等规范自动售检票系统章节的编写工作。

■ 代表项目

广州市轨道交通2号线自动售检票系统
Guangzhou Metro Line 2 Automatic Fare Collection System

广州市轨道交通2号线自动售检票系统是由广州地铁设计研究院设计的国内首创全程采用代币式IC卡的自动售检票系统。该系统于2003年11月28日通过广东省产品质量监督检验中心的检验，并荣获2004年度广州市优秀工程设计奖二等奖。

▲ 广州市轨道交通2号线自动售检票系统

宁波市轨道交通1号线自动售检票系统
Ningbo Rail Transit Line 1 Automatic Fare Collection System

宁波市轨道交通1号线自动售检票系统是国内首次在轨道交通领域集成并兼容基于中国人民银行qPBOC3.0金融标准的城市一卡通，首次将手机NFC-SWP（近距离无线通信—单线协议）支付技术、城市一卡通技术、金融qPBOC3.0技术的自动售检票系统。该系统荣获2011年度国家金卡工程优秀成果金蚂蚁奖。

▲ 宁波市轨道交通1号线自动售检票设备

福州市轨道交通 2 号线自动售检票系统
Fuzhou Metro Line 2 Automatic Fare Collection System

福州市轨道交通 2 号线自动售检票系统基于全国首个城市级人脸识别公共服务平台，在国内率先实现全线所有车站人脸识别直接检票过闸功能。该系统应用人脸识别技术，以统一身份认证和统一支付平台为基础，综合利用城市人脸识别平台实现地铁刷脸通行，实现市民从"一卡通行"到"一码通行"再到"一脸通行"，市民无须使用地铁乘车卡或手机，便可以轻松过闸乘车，符合便民、利民、惠民的需要。

▲ 西洋站进站检票机组、人脸识别终端

▲ 沙堤站自动检票机组、二维码扫描器

福州市轨道交通 2 号线遵循《城市公共交通 IC 卡技术规范》（JT/T 978—2015），清分中心系统通过与全国交通一卡通清分结算平台的信息交互，实现了对交通联合卡的支持，实现了跨市域、跨交通方式公共交通"一卡通"的互联互通，加强了福州地铁与其他交通方式、城市道路交通管理系统的信息共享和资源整合，提高了服务效率。

1.6.3.4 通信系统
Communication System

城市轨道交通通信系统用于实现城市轨道交通运营中各类语音、数据及图像等信息的传递、处理和交互，为城市轨道交通各专业提供可靠的、可重构的和灵活的骨干传输通道；为工作人员提供内、外部联络通信和指挥工具；为工作人员提供直观的视频监控信息和智能分析数据，提供发布作业命令、通知、紧急情况时指导疏散乘客等的广播手段；为乘客提供列车通告以及安全信息、向导资讯的服务等。

广州地铁设计研究院已在广州、深圳、南京、佛山、南昌、西安、南宁、无锡等地有城市轨道交通通信系统的设计业绩。

■ **代表项目**

广州市轨道交通 14 号线通信系统
Guangzhou Metro Line 14 Communication System

广州市轨道交通 14 号线是国内第一条采用我国自主研发且具备完全自主知识产权的核心芯片和整套技术应用标准的超高速移动通信系统（EUHT）的城市轨道交通线路，也是广州首条采用基于 TD-LTE（时分复用 — 长期演进）的宽带多媒体数字集群通信技术的线路。

14 号线在全球首次实现了列车单车 30 路高清视频无死角、全程图像清晰流畅无卡顿的安防监控。专用无线通信系统采用基于 TD-LTE 的宽带多媒体数字集群通信技术，完全满足 B-TrunC（宽带集群通信）及 LTE-M（地铁长期演进系统）的相关技术要求。LTE 宽带数字集群专用调度网同时也是集群调度业务（语音及视频）、列车运行状态信息的综合承载。

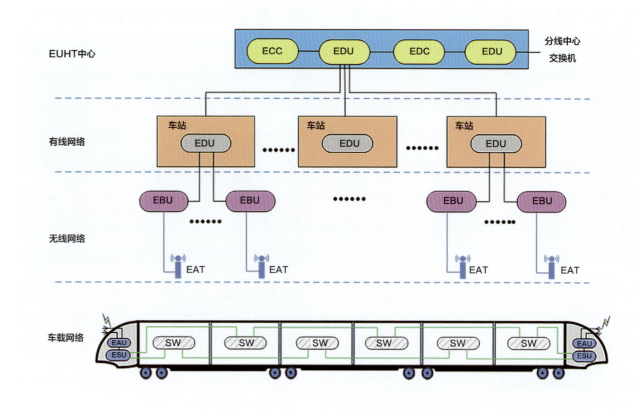

▲ 广州轨道交通14号线知识城支线EUHT系统网络架构图

广州市轨道交通 18 号线、22 号线通信系统
Guangzhou Metro Line 18 & Line 22 Communication System

广州市轨道交通 18 号线、22 号线为全国首批满足地铁服务水平的全地下 160km/h 市域快线。两线通信系统实现了多项创新，包括光传送网技术在地铁线路及骨干的首次应用、LTE 综合承载模式在地铁的创新应用、长大区间无线设备直流远供方案在地铁行业的首次应用、搭建基于云平台技术的 4K 超高清视频监视系统、公专合一的软交换电话平台在业内的首次应用、区间广播在广州地铁线网的首次设置、创新的通信系统智能监测管理平台投入使用、一键式应急响应系统在地铁行业的首次应用等。

通信系统在设计全过程中贯穿落实高品质绿色地铁设计，打造绿色地铁、低碳地铁、品质地铁、人文地铁，为高水平打造智慧地铁、高效智慧运维系统、智慧监测系统提供了坚实的基础。

▲ 调度大厅大屏

▲ 高架区间通信设施

南京地铁机场线通信系统
Nanjing Metro Airport Line Communication System

本线通信系统实现了多项创新，包括传输系统使用 10G 传输容量设备进行组环；公务电话、无线通信系统在控制中心与线网综合通信网互联，实现资源共享；视频监视采用高清数字方案，并与公安合设平台，优化系统架构，减少运营维护工作量；乘客信息系统采用高清技术方案，画面显示效果更好，进一步提高了乘客服务水平。公安（消防）无线通信系统采用警用数字集群（PDT）系统标准设计，兼容公安各项 PDT 技术标准。

▲ 通信各类型终端设备

1.6.3.5 信号系统
Signaling System

城市轨道交通信号系统是整个自动控制系统中的重要部分，是列车运营安全，实现列车快速、高密度、有序运行功能的重要保障。信号系统由正线信号系统和车辆段/停车场信号系统组成。信号系统的核心是列车自动控制系统（ATC），它由列车自动防护子系统（ATP）及计算机联锁设备（CI）、列车自动驾驶子系统（ATO）和列车自动监控子系统（ATS）等组成。

广州地铁设计研究院已在广州、深圳、南京、佛山、南昌、西安、福州、南宁等地有城市轨道交通信号系统的设计业绩。

■ 代表项目

广州市轨道交通 18 号线、22 号线信号系统
Guangzhou Metro Line 18 & Line 22 Signaling System

广州市轨道交通 18 号线、22 号线作为广州地铁科技创新示范线，是广州首批高速度、高密度全自动运行的线路。两线信号系统聚焦智能列车运行、智能基础设施、智能运维安全等方面，构建技术先进、体系完整、功能齐全、架构简化、管理创新的智能城轨系统。

18 号线、22 号线信在国内首次采用了基于通信的列车控制系统（CBTC），实现高密度追踪、局部共线运营条件下"大站停 + 站站停"组合的灵活运营组织模式；首次采用纯国产化全电子联锁，取代继电器执行单元；转辙机采用托盘式转辙机安装工艺，区间信号机、箱盒应用一体化支架免打孔的套筒安装工艺；监测系统首创基于大数据、云平台的模块化智能运维平台。

▲ 列车自动出库

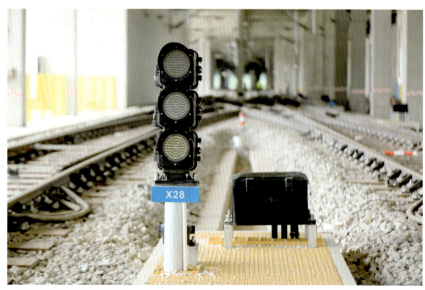

▲ 场段碎石道床信号机及箱盒

深圳城市轨道交通 20 号线信号系统
Shenzhen Metro Line 20 Signaling System

深圳城市轨道交通 20 号线按全自动运行系统（UTO）设计，信号系统采用基于车车通信的列车自主运行系统（TACS），为全球首条投入商业运营的基于车车通信的列车自主运行线路，同时也是深圳首条全自动运行线路。

TACS 系统以列车为核心，通过车与车之间连续、双向、高速的通信，突破传统 CBTC 进路方式，采用资源管理的理念，使列车命令和状态可以在车辆之间进行实时可靠的交换，并可确定列车的准确位置及列车间的相对距离，保证列车的安全间隔，实现列车运行方式由自动化向自主化转变的一种全新系统制式，可以"更安全、更高效、更灵活、更经济"控制列车运行。

▲ 控制中心

南京地铁机场线信号系统
Nanjing Metro Airport Line Signaling System

南京地铁机场线信号系统是广州地铁设计研究院在外地承担设计的首个信号系统项目。该系统采用 CBTC 系统，车辆段采用计轴设备，有效解决了原有轨道电路方案因长时间不使用导致分路不良的问题。

广州地铁设计研究院还承建了南京地铁机场线信号系统和 PIS 系统（乘客信息系统）的无线车地通道，统一规划无线传输信道，有效解决了信号车地无线与 PIS 相互干扰的问题，首次采用后备模式下车门与屏蔽门联动功能，进一步提高了城市轨道交通行业服务质量。

▲ 禄口车辆段信号设备

传承 创新

1993 — 2023

地 铁 设 计 30 年

TOD 综合开发篇

TRANSIT ORIENTED DEVELOPMENT

CHAPTER 2

2.1 城市综合体

广州万胜广场综合体
Guangzhou Wansheng Plaza

建造地点 / 广州市海珠区
用地面积 / 4.42hm²
建筑面积 / 31.6万 m²
容积率 / 6.0
建筑高度 / 200m
开发类型 / 运营协调指挥中枢、城市综合体
建成时间 / 2016年

■ **项目概况**

广州万胜广场综合体（即广州地铁运营指挥中心）项目集地铁运营（含线网控制中心、培训会议中心、档案中心、科普中心、员工餐厅等）、商业、金融、办公等多种功能为一体，是广州首个以"轨道+物业"模式开发建设的具有区域标志性的地铁上盖城市综合体项目。

■ **项目特点**

（1）国际领先。经院士团队科技成果鉴定，综合应用成果达到国际领先水平，引领区域线网指挥及站城一体综合科技进步。

（2）国际首例。世界上系统最复杂、功能最完善、集成度最高的粤港澳大湾区综合交通控制、调度、指挥中心，实现多轨道交通制式融合、区域协同。

（3）国内唯一。在大运量地铁不停运条件下，同步实现轨道交通地下枢纽大跨度开放、大跨度基坑稳定，完成复杂地下枢纽大空间与地面超大型城市综合体的一体化融合。

（4）开拓创新。充分融入城市功能的地铁轻生活平台，集指挥中心、综合交通枢纽、办公、文化教育、地铁科普及商业为一体的超大型城市综合体。

（5）文化体验。多维度体现地铁文化元素的城市综合空间，通过群体规划布局、建筑形体塑造、室内外景观营造、城市公共空间交织互动，全方位展现地铁文化。

■ **获奖信息**

★ 2019年度全国行业优秀工程勘察设计奖一等奖
★ 2018—2019年度国家优质工程奖
★ 2019年度广东省优秀工程勘察设计奖一等奖
★ 2019年度广东省优秀工程勘察设计奖科技创新专项二等奖

▲ 建筑夜景

白云（棠溪）站综合交通枢纽一体化工程场站综合体
Guangzhou Baiyun (Tangxi) Station Integrated Comprehensive Transportation Hub

建造地点 / 广州市白云区
用地面积 / 10.41hm²
建筑面积 / 24.41万 m²
容积率 / 西地块：2.83
　　　　　东地块：1.75
建筑高度 / 150m
开发类型 / 交通枢纽一体化城市综合体
建成时间 / 2025年

■ 项目特点

（1）绿色节能。综合体以"自然和谐与人文并重"为主题，创建现代绿色生态形象，高层的凹阳台和低层的层层退台辅以垂直绿化，打造建筑的微气候，采用具有良好隔热性能的 low-E（低辐射）中空玻璃，将其打造成绿色节能的现代建筑。

（2）体现地域文化。从建筑单体的角度来看，色彩（淡雅的调子）、材料（隔热性能好的墙体、楼板、防水层）、塔冠造型、遮阳系统、空中绿化系统，都在细节中体现岭南建筑的特色。

（3）运营衔接。地块为东西两侧长条形，场地中部为白云站入站广场，盖下分别为商业和交通换乘核心，东面为白云火车站。为了使项目结合周边城市道路交通，构建便捷的外部交通系统，上盖塔楼通过核心筒电梯与盖下各层保持有效连接，电梯可直通盖下站台、首层大厅、低层服务区，实现整个交通系统高效便捷的运转。

▲ 局部透视

■ 项目概况

白云（棠溪）站综合交通枢纽一体化工程场站综合体以特大型综合枢纽白云（棠溪）站为核心，设有办公、酒店、公寓等功能，通过一体化设计将城市功能渗透到车站及枢纽建筑内部。

本综合体整体造型设计意取木棉花瓣造型，含4栋塔楼。为了打造站城融合的城市地标，4座塔楼融于白云站又衬托白云站，整体效果设计将川流不息的铁路与潺潺不息的流水意向融合，以流动形成流线的立面造型，构筑竖向灵动跳跃的曲线，与白云（棠溪）站相呼应，形成"水润木棉"之势。

建成后，本综合体将与白云（棠溪）站共同打造广州新门户形象，成为广州城市新地标之一，引领白云区未来城市风貌，积极推动产城融合发展。

▲ 鸟瞰黄昏

广州地铁科学城站上盖综合体
Guangzhou Metro Science City Station Over — Station Development

建造地点 / 广州市黄埔区
用地面积 / 4.18hm²
建筑面积 / 18.10万m²
容积率 / 3.0
建筑高度 / 130m
建成时间 / 2024年

▲ 建筑东南侧低点

■ 项目概况

广州科学城站上盖综合体包括超高层高端商务办公楼、高层SOHO办公楼、创意联合办公楼、新锐科技办公楼、企业总部办公建筑群及配套的商业裙，建筑密度25.74%，绿地率35.0%。

建筑设计以"文化造园，科学结晶"为理念，利用传统文化造园手法，建筑形象犹如科学水晶从山岭之中破土而出。此外，项目还最大程度地还原了山体绿化一系列的科技主题公园，与牛角岭公园一起形成12万m²的高品质公园。

■ 项目特点

由于地块内存在正在运营的地铁线路，B区与该地铁线路最近水平距离仅10m，为保护建筑日常使用免受地铁列车运行振动影响，针对性设计结构隔振并通过有限元模拟进行振动验算。经核验，采用钢弹簧整体隔振措施后，振动满足标准限值要求。

▲ 鸟瞰效果图

佛山市南海区地铁金融城广场综合体
Foshan Nanhai Financial City Plaza

建造地点 / 佛山市南海金融高新区

用地面积 / 4.51hm²

建筑面积 / 35.59万m²

容积率 / 6.0

建筑高度 / 170m

开发类型 / 办公、商业、酒店、住宅、公交枢纽

建成时间 / 2014年

■ 项目概况

佛山市南海区地铁金融城广场综合体地处广佛同城门户——南海金融高新区三期的交汇中心，包括物业开发以及交通枢纽两大功能模块。物业开发功能包括商业、办公、酒店、住宅等，交通枢纽功能包括广佛线金融高新区站与配套的公交换乘枢纽。项目整合"轨道＋物业"的功能，多功能业态在地铁车站及区间正上方竖向叠合，实现立体都市生活，打造活力中心；交通缝合构建立体交通骨架体系，构成站城一体化；板块融合"轨道＋物业"开发，两者又进行耦合，实现功能与布局效益最大化。

■ 项目特点

（1）理念创新。综合体多种业态的竖向整合叠加与立体交通骨架体系的构建，实现了"轨道＋物业"功能与布局效益的最大化。建筑由两栋写字楼和架于其上的酒店构成一扇城市大门，是体现广佛同城门户的标志性建筑。

（2）国际领先。金融高新区站是国内唯一的地下车站区间斜穿、大跨结构托换、综合隔离减振结构。建筑核心筒与外框柱分别位于地下车站区间的两侧，托换最大跨度达18m。为确保住宅和酒店的舒适性，设计采用了核心筒上跨地铁隧道隔振降噪、多业态协同等综合减隔振新技术，经院士专家团队鉴定，达到国际领先水平。

（3）国内首创。在国内率先运用多业态综合体协同技术，实现多种交通模式、商业及生活等多功能设施的无缝衔接，构建安全、高效的大型综合服务设施；塔楼上率先采用双向大悬臂非对称复杂连体结构，实现建筑技艺与空间造型的完美结合。

▲ 建筑低点

■ 获奖信息

★ 2019年度全国行业优秀勘察设计奖二等奖

★ 2019年度广东省优秀工程勘察设计奖一等奖

★ 2019年度广东省优秀工程勘察设计奖科技创新专项一等奖

2.2 公共建筑

广州地铁大石控制中心
Guangzhou Metro Dashi Operation Control Center

建造地点 / 广州市番禺区
建筑面积 / 1.41万 m^2
建筑高度 / 23.75m
建成时间 / 2006年

▲ 大石控制中心

■ 项目概况

大石控制中心为广州市轨道交通3号线、7号线的区域控制指挥中心，项目邻近3号线大石站，随3号线的全线开通投入运营使用。

大石控制中心作为轨道交通线路的应急指挥、控制中心，设备系统及功能具有特殊性和综合性，需要多专业、多系统的联合工作，才能保证控制中心强大、集中的控制功能。

大石控制中心在国内首次实施集成多专业子系统的综合监控系统，率先引进与应用多项新技术、新方法，将中央调度理念贯彻电力调度、行车调度、环控调度、维修调度，发挥了控制中心集成系统的超强功能，在轨道交通行业具有极大的示范作用，是至今国内轨道交通工程功能最全、性能最优的控制中心，成为国内轨道交通控制指挥中心工程建设的样板。

■ 获奖信息

★ 2009年度广东省优秀工程勘察设计奖三等奖
★ 2008年度广州市优秀工程勘察设计奖二等奖

▲ 沿街实景

广州地铁镇龙区域控制中心
Guangzhou Metro Zhenlong Regional Control Center

建造地点 / 广州市黄埔区
建筑面积 / 3.25 万 m²
建筑高度 / 45.85m
建成时间 / 2017 年

■ 项目概况

广州地铁镇龙区域控制中心是华南地区规模最大的轨道交通区域控制中心，规划接入 4 号线、5 号线、6 号线一期工程、6 号线二期工程、14 号线、知识城支线、21 号线和 16 号线，负责 8 条线路的中央调度工作，满足多条线路的指挥需求，以方便运营调度指挥，做到运营资源共享。

该控制中心由 9 层塔楼与 4 层裙楼组成，功能上相对独立，两者通过室外连廊连通。控制中心含两个中央控制室，每个中央控制室面积约 1500m²，各分管控制 4 条地铁线路。

■ 获奖信息

★ 2021 年度广东省优秀工程勘察设计奖三等奖
★ 2020 年度广州市优秀工程勘察设计奖一等奖

▲ 建筑外观

南京地铁南京南控制中心及商业办公楼
Nanjing Metro Nanjing South Railway Station Operation Control Center and Commercial Office Building

建造地点 / 南京市雨花台区
建筑面积 / 6.98 万 m²
建筑高度 / 30m
建成时间 / 2014 年

■ 项目概况

南京南控制中心及商业办公楼位于南京高铁南京南站北广场西侧，紧邻高铁站房站前广场上下客平台匝道。该用地为综合属性用地，内含电力设施用地、轨道交通用地及商业用地。项目总用地面积 2.22 万 m²，总建筑面积 6.98 万 m²，其中包含主变电站 0.31 万 m²、控制中心 3.37 万 m²、商业开发 3.30 万 m²，建筑高度 30m。

南京南控制中心管辖南京市南城线路，集中合并设置 3 号线、5 号线、12 号线、机场线（S1 线）、宁和线（S3 线）共 5 条线路的控制中心，并预留一条线路的监控规模，是南京地铁南城线路的"大脑"。此外，南京地铁 S1 线与 S3 线区间从项目用地正下方穿行，项目同步设计、同步施工。工程整体采用框架结构，中央控制大厅无柱大空间上部采用了大跨度钢网架结构。

■ 获奖信息

★ 2014 年度广州市优秀工程设计奖三等奖

▲ 全景图

宁波轨道交通指挥控制中心
Ningbo Rail Transit Operation Control Center

建造地点 / 宁波市鄞州区
建筑面积 / 8.10万 m^2
建筑高度 / 59.50m
建成时间 / 2013年

■ 项目概况

宁波轨道交通指挥控制中心位于宁波市东部新城核心区以东片区宁穿路北侧，主要包括宁波市轨道交通线网各线控制中心 (OCC)、指挥中心 (TCC)、清分中心、制票中心、编播中心、信息中心以及宁波市轨道交通集团有限公司的综合管理中心、档案中心。

控制中心建筑功能设计立足于"以人为本"的理念，降低操作及维护人员的劳动强度，提高劳动生产率，便于运营管理和维护。同时，形体处理方正简洁、稳重大气，给人以安全、稳定、亲切、理性的视觉感受，贴合服务社会的理念。

■ 获奖信息

★ 2019年度全国行业优秀勘察设计奖三等奖
★ 2019年度广东省优秀工程勘察设计奖二等奖
★ 2018年度广州市优秀工程勘察设计奖一等奖

▲ 鸟瞰效果图

广州三元里商业办公综合大楼
Guangzhou Sanyuanli Commercial Office Building

建造地点 / 广州市白云区
建筑面积 / 5.60万m²
建筑高度 / 97.70m
建成时间 / 2011年

■ 项目概况

广州三元里商业办公综合大楼位于广州市白云区三元里广花路与广园西路立交口德东南侧，毗邻广州市轨道交通2号线三元里站。

大楼1~4层裙楼为商场，5~26层塔楼为办公楼，共有两层地下室，其中地下一层有通道与地铁站相连。

▲ 实景图

广州地铁设计研究院设计研发大楼
GMDI Design and Development Building

建造地点 / 广州市白云区
建筑面积 / 6.92 万 m²
建筑高度 / 88m
建成时间 / 2023 年

▲ 下沉广场

■ 项目概况

广州地铁设计研究院设计研发大楼位于广州白云新城云城东路以东，总占地面积为 0.87 万 m²，总建筑面积为 6.92 万 m²，其中地上建筑面积 4.66 万 m²、地下建筑面积 2.26 万 m²。本建筑含地上 18 层、地下 3 层，设置机动车停车位 408 个、充电桩车位 147 个，绿地率为 11.80%，总投资 15 亿元。

设计研发大楼从设计构思阶段就致力于将大楼打造成集信息化、智能化、人性化于一体的轨道交通产业设计研发和集成展示中心，在设计中依靠着云山珠水，践行生态节能、绿色低碳的理念。

设计研发大楼参考国际评估标准设计，采用了建筑光伏一体化、雨水回收利用、水蓄冷、直饮水、高效洁具、智能照明等节能低碳技术，并通过中庭拔风井自然通风，降低整体空调能耗，增加过渡季节自然通风的时间。2022 年 11 月 18 日，本建筑由中国建筑节能协会认定为近零能耗建筑，为广州地区第一栋高层近零能耗建筑。

▲ 建筑南立面

广东省第二人民医院门诊楼、住院楼
Guangdong Second Provincial General Hospital Outpatient Building / Inpatient Building

▲ 实景图

建造地点 / 广州市海珠区
建筑面积 / 2.34万 m²
建筑高度 / 60.90m
建成时间 / 1998年

■ 项目概况

本项目位于新港东路与石榴岗路交叉口，包括16层住院楼和5层门诊楼，设计床位为500床。该项目为广州地铁设计研究院完成的首个大型医疗公共建筑设计项目。

广州飞碟训练中心
Guangzhou Shotgun Centre

建造地点 / 广州市增城区
建筑面积 / 0.99万 m²
建筑高度 / 13.89m
建成时间 / 2010年

■ **项目概况**

广州飞碟训练中心是2010年广州亚运会飞碟射击的比赛场馆，占地面积10万 m²，最多可容纳3000名观众同时观赛，是国内除北京射击场飞碟靶场之外第二个能承担高水平国际赛事的飞碟射击场馆。

项目为典型的山地建筑，设计为实现土方平衡，将飞碟靶场、建筑基底、场地入口错层设计；利用自然高程设置从场地入口至看台入口的"绿坡"，供观众缓坡进入，坡下行车，实现人车分流；为不同人员设置独立出入口，与场地流线对应。项目的精心设计确保了场馆近十类人群流线的相对独立。

建筑设计采用简单的体量组合，采用采光中庭、内天井、架空连廊等传统建筑方式对空间加以分割，使用木质悬挑盒子、玻璃幕墙、钢结构等现代工艺对地域精神进行再升华，现代与传统交相辉映，塑造出不拘一格、中西兼收并蓄的现代岭南体育建筑风格。

■ **获奖信息**

★ 2012年度广州市优秀工程勘察设计奖建筑智能化专项二等奖

▲ 鸟瞰效果图

▲ 场地入口

广州增城荔城龙舟比赛场
Guangzhou Zengcheng Dragon Boat Racing

建造地点 / 广州增城区
建筑面积 / 1.12 万 m²
建成时间 / 2010 年

■ **项目概况**

广州增城荔城龙舟比赛场位于广州增城荔城雁塔大桥以南 1800m 水域范围内，场馆分东西两岸布置，包括比赛水域、水上设施、陆上比赛用房及相关的室外配套设施，主要承担 2010 年广州亚运会 1000m 范围直道竞速赛。赛场规划总用地 81.74hm²，水域面积约 58.36 万 m²，场馆建设面积 1.12 万 m²。

广州增城荔城龙舟比赛场是亚洲首个规范龙舟比赛场，亚运会后成为广州综合性水上运动训练基地。建筑设计遵从和谐共融的原则，充分利用风景秀丽的增江画廊生态自然与龙舟文化资源环境，规划统筹布局，将比赛场打造成为集竞技体育、休闲体育和观光旅游于一体的荔乡特色景点。

■ **获奖信息**

★ 2012 年度广州市优秀工程勘察设计奖二等奖

▲ 效果图

徐州地铁人民广场站地下空间
Xuzhou Metro Renminguangchang Station Underground Space

▲ 地面广场鸟瞰效果图

建造地点 / 徐州市泉山区
建筑面积 / 2.78 万 m²
建成时间 / 2023 年

■ 项目概况

本项目位于徐州市泉山区淮海西路北侧二环西路东侧，建筑功能为商业（中型）营业厅和机动车库。总建筑面积 2.78 万 m²，其中人防区建筑面积 0.26 万 m²、地下商业建筑面积 1.05 万 m²、地下车库建筑面积 1.39 万 m²，地下二层机动车库可停车 300 辆，工程总投资 1.8 亿元。

本项目定位于交通、休憩、娱乐、商业、生态等多功能共存的复合型地下空间，结合地面市民广场，设置 4 个下沉广场及主要出入口，连通地下停车场、疏散出口及地铁，有效提升该片区人员的出行效率，带动片区繁荣，更好地服务于周边市民。

2.3 综合交通枢纽

广州凯达尔枢纽国际广场
Guangzhou Cadre International TOD Center

建造地点 / 广州市增城区
用地面积 / 3.87hm²
建筑面积 / 36.68 万 m²
容积率 / 6.5
建成时间 / 2020 年

▲ 效果图

■ 项目概况

广州凯达尔枢纽国际广场（ITC）位于广州市增城区新塘镇，是国内首个汇集多种公共交通方式为一体的 TOD 枢纽综合体项目，辐射范围覆盖整个珠三角地区。同时，建筑周边汇聚了大型购物中心、甲级写字楼、五星级酒店、SOHO 区、艺术花园等多种业态，极大地满足了居民出行、生活、休闲的需求。

■ 项目特点

（1）零距离接驳。广场融合了高铁、地铁、城际铁路、城市云轨等四大类型 10 条轨道交通线路，创造性地通过"车站核+城市走廊"融合商业楼体的设计，让在 ITC 生活消费娱乐的客商无论搭乘哪一条线路，均可以在同一建筑内完成购票、换乘和出行任务。

（2）独具一格的立面造型。建筑外观以奇岩绝壁的山岩为灵感，打造都市地标；内部设计以美轮美奂的山谷、溪谷为主题，营造客流聚集场所。独创的 U 谷退台设计汲取了广州悠久的历史和地貌风光，希望为广州东部量身打造一个绿色幽谷奇观，成为"羊城第九景"。

深圳白坭坑综合交通枢纽
Shenzhen Bainikeng Comprehensive Transportation Hub

建造地点 / 深圳市龙岗区
用地面积 / 27hm²
建筑面积 / 8.55万 m²
容积率 / 4.86
建成时间 / 2030年

■ 项目概况

深圳白坭坑综合交通枢纽位于深圳龙岗区几何中心，为深圳市城市轨道交通18号线、21号线、深大城际铁路换乘站，集城际铁路、地铁、常规公交、慢行系统为一体，是联动深莞惠都市圈的战略支点。本项目结合TOD模式，从规划、交通、核心区、枢纽四个层面出发，构建白坭坑片区站城一体化、产城一体化的综合交通枢纽。

■ 项目特点

（1）规划层面 —— 多维元点，超链云环。重新梳理片区内部空间结构，借助产业升级与枢纽建设的东风，构建"一核一轴多组团"的空间格局，打造多维元点，塑造枢纽核、综合服务轴，形成总部办公、现代物流、特色文旅、智慧社区等多个组团。

（2）交通层面 —— 外疏内连，畅达无界。车行交通重塑片区路网体系，最大限度地解决白泥坑枢纽片区客货混行的问题；将人行交通打造为绿色、智慧、高品质的慢行系统，建立全民共享、全域畅达、全面可持续的轨道城市范例。

（3）核心区层面 —— 云城山园，能环联动。核心区以"云城山园"为设计理念，弱化"地上"与"地下"的界限。总体结构延续"南北一轴"的规划体系、"中心一环"的枢纽链接、"东西双塔"的开发方案，形成"一轴一环双塔"的空间结构。

（4）枢纽层面 —— 产城智联，地下城院。枢纽通过城市核连接地铁与城市公共空间、通过交通核衔接地铁及交通换乘空间，实现上下复合、站城一体的规划理念。同时，拟围绕站点结合南北主轴对北侧地下商业街及南侧下沉广场范围进行站城同步开发。

▲ 夜景鸟瞰图

天津市文化中心地下交通枢纽
Tianjin Cultural Centre Underground Transportation Hub

建造地点 / 天津市河西区
用地面积 / 9.14hm²
建筑面积 / 8.45万 m²
建成时间 / 2014 年

▲ 枢纽中5号线、6号线换乘厅

■ 项目概况

天津市文化中心地下交通枢纽地铁部分呈南北走向布置于友谊路银河广场路边绿化带下，是天津市轨道交通5号线、10号线与Z1线的三线换乘枢纽站，其中Z1线分别以T形换乘的方式连接5号线和10号线，并预留6号线的连接条件。

该枢纽可为天津中心城区提供便捷高效的公共交通服务，保证人流的快速集散，完善文化中心枢纽地区道路网，形成"三横四纵"的路网骨架，实现文化中心进出车流的畅通无阻。

■ 项目特点

（1）四线换乘车站与枢纽开发一体化。本枢纽采用换乘枢纽与地下商业开发一体化设计模式，通过换乘路径优化、消防疏散模式优化、出入口消除隐患等思路，解决四线换乘车站换乘、地铁车站与地下商业开发结合中的出入口融合及消防安全等难题。

（2）预留工程的高效利用。由于5号线为近期开通线路，而Z1线与10号线为远期开通线路，目前将Z1线与10号线站厅层改造为地下临时车库，解决周边商业停车困难的问题。

（3）盖挖逆作法及钢管柱施工工艺优化。本地下枢纽采用盖挖逆作法施工，利用车站永久钢管柱作为施工期间的临时支撑措施。通过优化钢管柱定位工艺、提高钢管柱施工精度等措施，钢管柱施工偏差小于1/300，可为后续工程提供有益参考。

（4）高承压水软土地区超深地下连续墙。天津地区地下水丰富，含水层厚，且承压水水头位于地面以下4~7m。为保证完全截断第二层承压水，地下连续墙设计深度达66.5m，导致地下连续墙成槽、吊装、浇筑困难较大。设计过程中通过精细化设计、加强地下连续墙刚度等措施，保证了地下连续墙的质量，有效控制了施工过程中渗漏和突涌的风险。

■ 获奖信息

★ 2015 年度城市轨道交通技术创新推广项目
★ 2017 年度广东省土木建筑学会科学技术奖三等奖

南昌火车站东广场
Nanchang Railway Station East Square

建造地点 / 南昌市西湖区
用地面积 / 52.33hm²
建筑面积 / 2.78万 m²
容积率 / 0.80
建成时间 / 2021年

■ 项目概况

南昌火车站东广场位于南昌市洛阳路以南，地块北侧是长途客运站，西侧是南昌火车站，是南昌老城区最大的交通枢纽中心。广场南北长 250m、东西长 100m，共三层，其中地上两层、地下一层。

■ 项目特点

（1）多种交通方式，换乘便捷。南昌火车站东广场设置高架层、地面层和地下层，高架层与南昌城市一环线重要组成部分——洪都高架相连接，落客平台共设 7 条车道，极大方便来往车辆通行，同时设人行廊桥直接与长途汽车站无缝衔接；地面层设有公交车站台和地铁口，乘客出站后可直接换乘公共交通；地下层出站大厅与南昌市轨道交通 2 号线无缝衔接，同时连通地下停车场及地下商业区，来往南昌的旅客以及市民们能够在南昌火车站实现火车、高铁、长途客运、地铁、公交、出租车、私家车等交通方式的无缝衔接，方便市民出行。

（2）人性化设计。高架层设置人行廊桥，可供旅客遮阳避雨、休闲娱乐。此外，还设计了多处无障碍坡道和无障碍电梯。

▲ 东广场效果图

2.4 居住建筑

广州地铁萝岗车辆段上盖综合开发
Guangzhou Metro Luogang Depot TOD Project

建造地点 / 广州市黄埔区
用地面积 / 31.23hm²
建筑面积 / 89.66 万 m²
计容建筑面积 / 60.65 万 m²
建筑高度 / 149.5m
建成时间 / 2023 年

■ 项目概况

项目北邻广州市轨道交通 6 号线香雪站，周边还有广州市轨道交通 21 号线、7 号线二期工程（在建）及黄埔有轨电车 1 号线等轨道交通线路，实现与天河、广州第二 CBD 的衔接。

项目以"和谐、共享、多元"为设计理念，力求打造"地铁 + 物业"的示范性 24h 活力 TOD 社区。设计采用"一轴四心四片"的规划布局，与紧邻的大公山、植树公园等周边城市生态体系共融，高度整合居住、商业、文化、教育、康体等多种混合功能业态，实现了生产、生活、生态的"三生融合"，高效提升公共服务，成就绿色低碳宜居和谐智慧社区，是广州场段综合体土地集约利用的示范性工程。

■ 项目特点

（1）车辆段与上盖开发一体化。设计贯穿 2013 — 2023 年，全流程全专业一体化设计协同与统筹，通过采用轨道减振降噪、绿色节能技术，上盖结构采用框支转换、盖板立体同程排水等创新技术，解决了上盖开发的功能转换、空间优化控制、结构承载、立体交通、消防安全、分期建设永临结合等难题与综合控制关键技术问题。

（2）全国首创 100m 单向全框支剪力墙结构体系。本项目在全国首创 100m 单向全框支剪力墙结构体系、新型方钢管混凝土框支柱与带型钢转换梁节点、车辆段咽喉区上盖采用叠合梁转换，实现提容降本增效，确保开发效益。

（3）BIM 技术创新。研究 BIM 建设过程中的团队构架、管理流程，分别从住宅建筑 BIM 精细化设计、区域级的 BIM 研究、三维可视化设计及 VR 体验等方向进行 BIM 设计应用创新实践。

（4）绿建二星设计。创新绿色建筑设计，实现上盖 TOD 自然存积、渗透、净化的海绵城市设计，获得二星 B 级绿色建筑设计标识证书。

■ 获奖信息

★ 2022 年度广东省勘察设计行业协会科学技术奖一等奖

★ 2019 年度广东省优秀工程勘察设计奖科技创新专项一等奖

★ 2023 年度广东省优秀工程勘察设计奖公共建筑二等奖、建筑结构专项二等奖

★ 2017 年度全国"创新杯"建筑信息模型（BIM）应用大赛最佳居住建筑 BIM 应用奖

▲ 夜景效果图

广州地铁赤沙车辆段上盖开发
Guangzhou Metro Chisha Depot TOD Project

建造地点 / 广州市海珠区
用地面积 / 21.17hm²
建筑面积 / 45.65万 m²
计容建筑面积 / 30.40万 m²
建筑高度 / 149.80m
建成时间 / 2024年

■ 项目概况

项目地块紧邻琶洲人工智能和数字经济试验区，借助紧邻琶洲的区位优势以及轨道交通联系的交通优势，赤沙地块通过场站综合体开发建设，满足琶洲人工智能与数字经济试验区的综合配套服务需求。

■ 项目特点

（1）国内首个腾挪改造双层车辆段上盖综合体，采用双层段场集约用地。车辆段采用双层布置形式，超前提出全框支厚板转换体系，并将该体系上盖开发总高度提高至150m，远超国内其他城市的同类建筑。盖板采用工业化预制装配结构，减少现场施工支架及模板用量、减少施工时长、减少施工现场"三废"，实现安全、高质、高效、绿色的建设目标，技术达到国内领先。

（2）大湾区首个车辆基地上盖隔振全转换。隔振结构体系上下柱脱开，设置隔振装置连接，以削弱车辆段本身振动对盖上住宅的负面影响，实现上盖建筑自身对车辆段的进一步减振。

▲ 生态办公效果图

▲ 沿黄埔涌实景融入效果图

广州地铁槎头车辆段上盖开发
Guangzhou Metro Chatou Depot TOD Project

建造地点 / 广州市白云区
用地面积 / 9.87hm²
建筑面积 / 37.18 万 m²
计容建筑面积 / 26.73 万 m²
建筑高度 / 100m
建成时间 / 2025 年

▲ 望江视野

■ 项目概况

项目位于珠江西航道东侧、广州西岸启动区——金沙湾核心位置，是推进白云西部珠江沿岸高质量发展以及实现生产、生活、生态融合的重要节点，也是新一代数字贸易产业的重要发展载体。项目将打造成为 TOD 居住商业综合体珠江及珠江西航道复合社区标杆。

项目距离广州市轨道交通 12 号线与 13 号线交会槎头站 200m，直接接驳地铁站，并临近许广高速、广州环城高速等重要交通干道。项目通过对 TOD 无缝衔接及珠江一线江景资源的挖潜，充分释放土地价值，实现项目溢价，进一步推动广州西岸高质量发展。

▲ 商业低点透视

▲ 沿江鸟瞰图

■ 项目特点

（1）通过减振降噪专题技术研究，有效控制车辆段轨道及地铁列车振动对居住品质的影响。

（2）通过盖上盖下一体化、精细化设计研究，优化了塔楼荷载及转换位置，以及盖板覆土、保温层与柱头、女儿墙等构造，使盖板工程费用比原方案下降了 24.7%，实现了降本增效的目的。

（3）广州首个实现盖下、盖板、上盖同步设计、一体化施工建设的车辆段上盖开发项目。

（4）广州首个住宅结构在车辆段首层盖板转换的项目。

广州地铁官湖车辆段上盖开发
Guangzhou Metro Guanhu Depot TOD Project

建造地点 / 广州市增城区
用地面积 / 31.34hm²
建筑面积 / 136 万 m²
计容建筑面积 / 87.7 万 m²
建筑高度 / 150m
建成时间 / 2020 年（一期）

■ 项目概况

项目位于广州新塘镇官湖村，地块东北侧为环城路，物业开发用地东西宽约 1000m、南北宽约 500m。用地性质为交通场站用地兼容居住用地、中小学用地（S4/R2/A3），规划人口超 2.5 万人。配建有超 5.2 万 m² 的公共服务及市政配套设施。约 20 万 m² 盖板已与盖下车辆段同步建成，作为二级开发建设的基础条件。

■ 项目特点

项目打造广州地区第一个落地实施车辆段上盖开发的"空中地铁小镇"，从一、二级联动设计到土地整理出让、施工、运营等全过程，充分体现了广州轨道交通建筑集约用地的高效性以及功能融合的创新性，改变了常见车辆段工业建筑的面貌，取而代之为丰富的天际线、完善的超大型现代居住区的生态圈，可为其他同类型建筑提供较大参考价值。

项目采用盖上盖下一体化设计，调整盖下工艺增加高层建筑落地布置、国内同期首个结构总高超 100m 的车辆段上盖项目，大大提高了地块的利用率。项目设计统筹考虑盖上分组团、分区域实施与盖下整体安全运营错综复杂的共存情况，保证了项目的高效实施。

■ 获奖信息

★ 2022 年度广州市优秀工程勘察设计奖公共建筑三等奖、建筑结构专项二等奖

▲ 鸟瞰效果图

广州地铁陈头岗停车场上盖开发
Guangzhou Metro Chentougang Depot TOD Project

建造地点 / 广州市番禺区
用地面积 / 24.20hm²
建筑面积 / 88.85万 m²
计容建筑面积 / 58.34万 m²
建筑高度 / 180m
建成时间 / 2024年

■ 项目概况

项目位于广州市番禺区大石水道东南侧，长隆飞鸟乐园西南侧，官坑村西北侧，规划广州南站商务区的核心区北部。

该项目属于地铁上盖物业开发，工业建筑和民用建筑合建，同一座建筑内同时存在轨道交通功能与民用建筑功能，具有一定的特殊性和复杂性。建成后，开发区域业态丰富，地上由25栋高层住宅组成，盖上地下室1层、白地地下4层车库；配建1所幼儿园、1所九年一贯制学校及配套公共设施。

▲ 鸟瞰图

▲ 商业广场

■ 项目特点

（1）从城市设计的宏观角度出发，综合车辆段上盖开发的结构限制条件，设计出能代表城市新形象的地铁上盖居住小区，为市民提供一个布局合理、设施完善、生活方便、便于管理、环境优美的新型居住小区。区内分为三大板块，西南组团以点式与双拼搭配的形式布置高层建筑，中部教育组团主要为九年一贯制学校、幼儿园及公建配套设施，东北组团主要由点式高层住宅与板式自持住宅组成。全区建筑按正南北法线错开分布。

（2）本项目设计力求突破现存模式，以大容量、多层次、高素质的环境空间包装恰当面积的住宅单位，创建园林式、环保型的可持续发展示范小区。住宅群体布置要避免建筑物之间的相互遮挡，要满足住宅对日照、间距、自然采光、自然通风的要求；营造小区内组团绿化空间，尽量使各户型的客厅和主人房有良好的景观和朝向，争取做到户户有景、户户有良好的朝向，使住宅更加人性化和个性化。工程设计注重地方特色和文化特色，具有鲜明的时代感；注重园区的环境设计，营造一个环境幽雅、舒适的居住空间。平面布局和室内空间力求规整、合理，使其适合现代的家居生活观念。

广州地铁白云东平站综合开发
Guangzhou Metro Baiyun Dongping Station TOD Project

建造地点 / 广州市白云区
用地面积 / 2.52hm²
建筑面积 / 7.80万 m²
计容建筑面积 / 5.17万 m²
建筑高度 / 54m
建成时间 / 2025 年

▲ 沿街立面效果图

▲ 鸟瞰效果图

■ 项目概况

项目北临钟一工业园，东临白云山原始森林公园，西临白云大道北，南侧为正在建设中的广东实验中学永平校区，规划有 10 栋专梯入户 17 层小高层，全部为南北通透纯板楼设计，拥有最大约 18.5m 开间及约 9.2m 的景观阳台，采光通风好。

项目所在地白云东平站为三线交会，分别为正在建设的广花城际铁路、已建成开通运营的广州市轨道交通 14 号线和规划中的佛山市轨道交通 6 号线，同时规划有一处公交车首末站。地块区位优越、交通便捷、人流量密集，开发顶级居住品质的轻奢社区有利于进一步汇聚人流，发挥区域经济价值，完善居住基础设施，建设符合市民需求的居住区。

■ 项目特点

（1）TOD 综合体开发统筹衔接周边城市界面。结合项目本身的坡地建筑与区域代建市政道路、学校、地铁车站、现状村庄、产业园及远期商业预留开发用地，统筹考虑整体的竖向设计及城市界面。

（2）TOD 一体化联动。地铁站侵入地块严重压缩开发用地，项目通过出入口合建及对应的减振降噪措施，合理做好一、二级联动开发方案。

（3）一、二级联动接口统筹管理。物业与车站设计界面及施工界面均有重叠交叉，与地铁站进行了多接口协同设计。

（4）打造城市公共交通重要节点。公交首末站及公建配套占开发地面积约 1/4，且因坡度影响，从平面到竖向都需做好与地铁衔接的整体规划设计。

（5）首创钢骨架预制（PCT）剪力墙装配关键技术。剪力墙纵筋采用搭接连接，钢骨架设置于墙底，二次浇筑在楼面以上连接。

（6）采用竖向预制构件装配关键技术。目前在广东省内，针对基本级装配式要求的建筑普遍采用水平装配法（叠合梁、叠合板、预制飘窗、预制沉箱等），PCT 剪力墙方案对比叠合梁板方案节省造价约 12%，且施工较为便捷，更具有经济、施工便捷的优势。

深圳地铁田心车辆段上盖开发
Shenzhen Metro Tianxin Depot TOD Project

建造地点 / 深圳坪山区
用地面积 / 21hm²
建筑面积 / 64.75万m²
计容建筑面积 / 54.86万m²
建筑高度 / 120.8m
建成时间 / 在建

■ 项目概况

项目紧邻深圳市城市轨道交通16号线田心站，开发定位为一流的生态文化科技新城，运用TOD的开发理念打造充满活力的"立体新城"、具有前瞻性的"产业智城"、宜居宜业的"生态绿城"、独特人文气质的"人文之城"。

项目开发探索"轨道交通+社区+产业发展"的新型开发模式，打造具有文化内涵居住环境的产学研创新发展示范社区典范。

■ 项目特点

（1）"零换乘，一体化"设计。项目结合地铁站，采用TOD+TID（轨道+物业）的开发模式，设置区标志性建筑，塑造门户节点。田心站通过"城市核"对接"城市环"，形成最具活力的区域，室内丰富的商业设施、研发展示空间、公共交通空间缝合了南北两侧各地块的功能，形成了完整的TOD综合体"立体新城"。

（2）产业智城。项目开发包括智能制造核、科技研发带和总部集聚区，提供围绕5G及无人驾驶技术的科技研发空间、大型企业总部办公和智能生产空间，力争打造具有前瞻性的"产业智城"。

（3）绿色低碳。通过绿脉渗透及多种绿色建筑技术等方式，在开发区域内布置智造工坊，即无污染的轻型生产区，采用适应性强的模块化布局，首层设置独立的物流系统保障运行，在模块之间形成错落有致的街道，将田心片区营造成为一个宜居宜业的"生态绿城"。

▲ 南向夜景

▲ 鸟瞰效果图

福州地铁樟岚车辆基地及上盖开发
Fuzhou Metro Zhanglan Depot TOD Project

建造地点 / 福州市仓山区
用地面积 / 25.96hm²
建筑面积 / 车辆基地：24.51 万 m²
　　　　　　上盖：64.66 万 m²
计容建筑面积 / 车辆基地：43.92 万 m²
　　　　　　　上盖：41.54 万 m²
建筑高度 / 80m
建成时间 / 2023 年

■ 项目概况

项目位于福州市仓山区福泉高速连接线南侧，规划岚湖小学西侧，为福州市轨道交通 6 号线樟岚停车场与 5 号线樟岚车辆段合址共建且带上盖开发项目，盖板面积 20.20 万 m²，是目前福州市用地面积、建筑面积最大的带上盖开发车辆基地项目，为福州市首个盖板平台工程单独立项、单独审批，盖板平台与上盖物业开发同步设计、同步实施的一体化枢纽综合体项目，探索出了福州地铁上盖开发同步实施工程的实践路径。

▲ 鸟瞰效果图

▲ 综合楼

■ 项目特点

（1）车辆段与上盖开发一体化设计、一体化施工。项目采用一体化设计模式，解决了上盖开发车辆基地的功能转换、空间优化、消防安全、永临结合等难题，一体化设计精准预留、结合一体化施工优化盖板屋面构造，大大降低了盖板投资和二级开发改造量。同时，项目创新采用综合廊道预留技术，在确保运营安全的同时为上盖开发提供了良好的检修条件。

（2）共址合建，资源共享。停车场与车辆段合建，通过单渡线联络，停车场的临修功能可利用车辆段检修库开展。此外，停车场与车辆段共用综合楼、污水处理站等配套建筑，节约了土地资源，实现资源利用的最大化。

（3）厚板转换技术。结构体系采用框支厚板转换方案，对上盖开发方案的调整冗余度更大。厚板渗入聚丙烯纤维增强抗拉，并且合理布置循环水冷管，有效控制了大体积混凝土内外温差。

（4）盖板排水、防水优化提升。盖板采用平坡排水、重力流系统，减少了后期上盖开发对屋面找坡层的凿除量。结合上盖开发时序衔接情况，考虑结构厚板自防水能力较强，将原一级防水两道防水材料优化为仅一层涂料，有效降低了工程投资，减少了施工工期。

（5）盖板变形缝优化。盖板变形缝为渗漏水的薄弱点，也是二级开发过程中需要改造的痛点。设计方案对其构造进行了优化，加强了变形缝防水和排水能力，避免了上盖开发二次整改变形缝。

传承　创新　　1993 — 2023

地 铁 设 计 30 年

市政工程篇
MUNICIPAL ENGINEERING

CHAPTER 3

港珠澳大桥主体工程设计及施工咨询

Hong Kong-Zhuhai-Macao Main Bridge Design and Construction Consultancy

建造地点 / 广东省珠海市

桥梁（隧道、道路、线路）总长 / 585m

车道数量 / 6 车道

行车速度 / 80km/h

建成时间 / 2003 年

■ 项目概况

港珠澳大桥主体工程包括 6700m 长的沉管隧道，2 个面积 10 万 m^2 的离岸深水人工岛。

该项目是外海集岛隧为一体的重大工程，是工程界的"珠穆朗玛峰"，受到业界的普遍赞誉，经济和社会效益显著。集成开发的外海沉管隧道施工设备体现了我国的自主创新水平，同时也是第一次创造性地提出了外海深埋半刚性管节的设计并成功应用的典范，为世界外海深埋沉管隧道设计、施工积累了宝贵经验。

■ 项目特点

（1）提出采用复合地基和钢圆筒围护方案进行人工岛软基处理。项目方案阶段，与设计单位共同探讨，经过多轮方案比选，最终采用 22m 大型钢圆筒方案，同时提出预应力高强混凝土（PHC）桩贯入度和标高双控的指标方案，为项目节省了工期和造价。

（2）对岛隧工程混凝土结构耐久性设计提出量化要求。基于结构使用 120 年限的定量耐久性设计，建议采用钢筋混凝土的保护层厚度、氯离子扩散系数、所处环境条件以及养护措施等变量进行分析，对构件的材料指标、结构指标提出量化要求，并成功得到应用。

（3）管节工厂化生产保证质量。沉管隧道采用大型预制法的理念，通过流水化生产模式保证了管节的施工质量。

（4）创造性提出深海沉管隧道半刚性管节的设计方案。与设计单位共同创造性提出管节之间预应力永久保留，通过合理利用管节间摩擦力提高了沉管隧道的结构安全，这是沉管隧道里程碑式的发展。

■ 获奖信息

★ 2021 年度菲迪克年度卓越项目大奖

★ 2018 年度广东省科学技术奖科技进步奖特等奖

▲ 港珠澳跨海大桥深水人工岛隧

▲ 港珠澳跨海大桥

广州珠江隧道
Guangzhou Pearl River Tunnel

建造地点 / 广州市荔湾区
隧道总长 / 1238m
车道数量 / 4 车道
建成时间 / 1993 年

▲ 珠江隧道

■ 项目概况

珠江隧道是广州市第一条穿越珠江的隧道，公路与广州市轨道交通 1 号线区间合建，总投资 6 亿元。隧道全长 1238m，河中段全长 475m。

■ 项目特点

该工程是我国首次采用沉管法在硬基中施工的大型水下隧道，是我国内地完工的第一条沉管隧道，其采用的操作控制系统、水压接技术和双保险水密技术等均为国内首创。

■ 获奖信息

★ 1996 年度国家科学技术进步奖二等奖
★ 1999 年度中国市政工程金杯奖
★ 1995 年度广东省科学技术进步奖一等奖
★ 1995 年度广东省优秀工程设计奖一等奖

广州中心城区地下综合管廊
Guangzhou Metropolitan Underground Integrated Utility Pipe Gallery

建造地点 / 广州市天河区、越秀区、白云区、荔湾区、海珠区
线路总长 / 45.7km
建成时间 / 2023 年

■ 项目概况

广州市中心城区地下综合管廊沿广州市轨道交通 11 号线铺设，共设 44 座工作井，其中 10 座与 11 号线车站结合设置，平均井间距 1.04km。

工作井采用明挖法施工；区间采用盾构法施工，盾构规格为内/外径 5.4m/6m，与 11 号线相同。管廊内部采用上下分舱形式，分舱隔板采用预制装配式工法施工。上舱为强电舱，拟入 8 回 220kV+4 回 110kV 电缆；下舱为给水通信综合舱，拟入廊 DN1600 给水管，并预留 25 孔通信线缆支架。

■ 项目特点

（1）同步实施。管廊项目与 11 号线结合，同路由敷设、同步建设，是一种全新公用设施建设模式：一方面可以最大限度地资源共享，节省大量前期协调、征地拆迁、管线迁改及交通疏解、勘察与基础调查、地形测量等工作量；另一方面，可以更好地集约利用城市地下空间，为城市可持续发展助力。

（2）采用装配式结构。除工作井明挖外，隧道全部采用盾构法施工，分舱结构采用预制大板以落实装配式要求，廊内支架采用盾构管片预埋滑槽进行安装，极大地改善了作业环境并提高了施工效率。

▲ 管廊预制中隔板安装

广州 220kV 电缆盾构隧道
Guangzhou Shield Tunnels for 220kV Power Cables

建造地点　/　广州市天河区、白云区
隧道总长　/　3860m
建成时间　/　2016 年

■ 项目概况

本项目为 220kV 犀牛变电站至麒麟变电站电缆盾构隧道，拟入 8 回 220kV+4 回 110kV 电缆，共设置 8 个工作井。隧道采用盾构法施工，断面采用外径 4.1m、内径 3.6m 的盾构管片。

■ 项目特点

（1）国内首条小直径、小转弯电缆盾构隧道。隧道需要穿越城市中心区，周边环境复杂，采用了国内电缆盾构隧道最小转弯半径 118m 施工。

（2）创新多种工作井形式。项目从盾构施工工程筹划的角度考虑，工作井全部采用"先隧后井"的施工方式，最大限度地降低各工作井施工对盾构隧道施工工期的影响。不同工作井的结构形式及其与隧道的连接方式，可为后续电缆隧道的施工提供参考。

■ 获奖信息

★ 2019 年度广东省优秀工程勘察设计奖二等奖
★ 2018 年度广州市优秀工程勘察设计奖二等奖
★ 2016 年度广东省土木建筑学会科学技术奖三等奖

▲ 隧道内电缆支架施工

▲ 剖面效果图

▲ 总平面效果图

广州流花路隧道
Guangzhou Liuhua Road Pedestrian Tunnel

建造地点　/　广州市越秀区
隧道总长　/　138m
建成时间　/　2001年

▲ 出入口

▲ 隧道接口

▲ 隧道岔口

▲ 隧道内部

■ 项目概况

　　流花路隧道是广州市政府对广州流花展贸中心正门流花路段进行环境整治的重点市政工程，投资2000多万元。该隧道呈"H"形，共设4个行人出入口。

　　隧道采用暗挖法施工，为城市中心区超浅埋大跨度隧道的经典案例。隧道内布置有先进的照明和闭路电视监控等设施，并设置了国内人行隧道的首条残疾人电梯。

■ 获奖信息

★ 2002年度广州市优秀工程设计奖三等奖

南宁凤岭南路隧道
Nanning Fengling South Road Tunnel

建造地点 / 南宁市青秀区
隧道总长 / 1100m
车道数量 / 6车道
行车速度 / 50km/h
建成时间 / 2012年

■ 项目概况

南宁凤岭南路隧道起点接会展路，往东经青秀山北侧与青秀路相交，城市主干道Ⅰ级。工程设双向6车道，限高≥5.0m。隧道内平曲线半径700m，最大纵坡为3.99%，采用明挖法施工，洞内设一处紧急停车带和三组射流风机，内壁喷涂高级涂料装饰。

■ 项目特点

（1）环境与交通融合。为减少对山体的破坏，在隧道红线宽29.5m的范围内，采用2×13.25m单箱双室全封闭框架结构。行人及非机动车道设置于隧道外侧，结合青秀山公园及黄茅坪冲沟景观规划一并设置，完美实现了人车分离。机动车在隧道中快速通行，行人及非机动车在风景秀丽的景观带通行，实现了交通和环境的有机融合。

（2）采用光导系统高效节能。广西首次在市政工程项目中采用光导系统，节省了白天照明的电力消耗，延长了LED灯的使用寿命，可以满足管理用房内白天约10h的照明需求，是一种理想的节能方式。

■ 获奖信息

★ 2017年度广西优秀工程勘察设计奖一等奖

▲ 洞口透视图

▲ 隧道内景效果图

广州增槎路跨线桥
Guangzhou Zengcha Road Overcross Bridge

建造地点 / 广州市白云区

桥梁总长 / 4500m

行车速度 / 60km/h

建成时间 / 2002年

■ 项目概况

作为市中心区交通网络的主干快速道路，增槎路放射线是广州内环路 7 条放射线之一，从内环连接到外环高速公路。道路全长 3.26km，包含增步跨江大桥、松南立交、广清立交等主要工程，总投资约 6.5 亿元。

本跨线桥梁规模大（桥面面积 5.57 万 m^2）、结构复杂，有跨河的 40m+51.54m+40m 混凝土连续梁和跨路的 31m+40m+31m 混凝土连续弯梁（R=300m）主线桥，也有 22.5m+26.74m+ 53m+ 37.5m+26.5m 大跨度连续刚构和 5x21m 小半径（R=90m）连续弯梁匝道桥，设计难度较高。全线采用统一梁高 1.65m，高跨比在 1/16.5 ~ 1/20 之间，使梁外观协调流畅。

■ 获奖信息

★ 2003 年度广东省优秀工程设计奖二等奖

★ 2002 年度广州市优秀工程设计奖二等奖

▲ 增槎路跨线桥

广州东晓南路放射线二期工程
Guangzhou Dongxiaonan Road Radiation Line Phase II

建造地点 / 广州市海珠区

桥梁总长 / 4500m

车道数量 / 4车道

建成时间 / 2009年

■ 项目概况

东晓南路放射线二期工程是在一期工程已建道路上实施的，包括地面道路工程和高架桥梁工程两部分，是广州内环路7条放射线之一。高架桥梁工程包括主线高架桥梁、新窖南路互通区立交匝道桥，以及上桥、下地匝道桥工程。主线高架桥梁全长3147.84m，起点处接昌岗路立交预留的高架桥接口，终点处左幅落地接地面道路、右幅接南洲路立交预留的高架桥接口。新窖南互通区A、B、C匝道桥全长1203.66m。上桥、下地匝道桥全长395.37m，匝道为现浇预应力混凝土连续箱梁，最小半径67m，相应跨度39m。跨越新窖西路采用了54m+70m+54m预应力钢箱混凝土叠合梁。

该工程为同期该类跨度中最小半径匝道弯梁、最大跨度钢—混组合结构。

▲ 正线高架桥

▲ 新窖南互通立交

黄洲立交
Huangzhou Highway Interchange

建造地点 / 广州市天河区
桥梁总长 / 660m
车道数量 / 6车道
行车速度 / 60km/h
建成时间 / 2015年

■ 项目概况

黄洲立交设置于广州市轨道交通4号线与5号线换乘站车陂南站的上方，沿黄埔大道方向跨越车陂路。

黄洲立交与车陂南站采用结构合建设计，上下结构协同受力优化了整体空间布局。考虑到建设和施工单位的不同，在同步设计的基础上对两者的实施筹划进行了深入研究，最终确定采用同步实施的方法。2013年对黄埔大道进行全面的复工建设，通过预留及节点的特殊处理，实现了在地铁正上方的强烈影响区范围内进行桥梁施工作业，确保了工程的安全顺利实施。

■ 项目特点

为实现黄洲立交与车陂南站结构合建的目的，对工程筹划、结构设计、施工监测等进行了创新：

（1）首次提出"市政立交与轨道交通结合"的综合交通节点技术。

（2）接口设计创新，转换梁与车站结构连接，采用首创"一"形钢板支撑。

（3）首次提出盾构区间上方梭形承台梁方案。

（4）突破行业标准《城市轨道交通结构安全保护技术规范》（CJJ/T 202—2013）中关于外部作业净距控制值要求，实现了在运营地铁正上方超近距施工。

（5）地铁监测施工期间及桥梁通车后一定时间内对5号线区间及车陂南站变形进行自动监测，以保证地铁运营的安全。

■ 获奖信息

★ 2019年度广东省优秀工程勘察设计奖二等奖
★ 2019年度广东省优秀工程勘察设计奖科技创新专项二等奖
★ 2016年度广州市优秀工程勘察设计奖一等奖

▲ 效果图

▲ 黄洲立交

南昌地铁八一广场站 Y形人行天桥

Nanchang Metro Bayi Square Station Y – Shaped Pedestrian Bridge

建造地点 / 南昌市东湖区
桥梁总长 / 148.6m
建成时间 / 2011年

■ 项目概况

南昌八一广场站人行天桥分 A、B、C 三支，分别跨越八一大道、中山东路和八一大道转弯车道。其中 A 支单跨跨越八一大道双向 10 车道，跨径为 43.6m；B 支和 C 支跨度分别为 37m 和 38m。

该天桥为江西省内跨度最大的人行天桥。天桥主桥采用下承式钢桁架结构，主桁架高度 3.25m。下部结构采用钢管柱支撑。基础采用钢筋混凝土扩大基础和人工挖孔桩基础。考虑人性化设计，天桥设有耐力板雨棚。

■ 项目特点

（1）钢桁架跨越能力强、抬升高度小。主梁采用钢桁架结构，对于常规 60m 以内道路能够一跨跨越，避免在路中范围立墩，减少对道路行车视线的影响。钢桁架为下承式设计，桥面抬升高度较常规上承式桥梁大大降低，在方便行人的同时能够减少天桥占地规模。

（2）施工快捷。钢桁架采用工厂分段预制现场吊装施工，通过设临时支撑先栓后焊工艺，利用一个夜间即可完成整桥安装，大大降低施工期间对道路交通的影响。

（3）造价经济。钢桁架结构用钢量指标相比常规钢箱梁结构大大降低，同时钢桁架体系本身能兼作雨棚支撑，降低主梁及雨棚造价，整体更加经济合理。

▲ Y形人行天桥

广州中山大道快速公交（BRT）试验线
Guangzhou Zhongshan Road Bus Rapid Transit (BRT) Pilot Line

建造地点 / 广州市天河区、黄埔区
线路总长 / 22.9km
车道数量 / 4车道
行车速度 / 23km/h
建成时间 / 2010年

■ 项目概况

广州中山大道快速公交(BRT)试验线为广州市第一条快速公交系统试验线，工程线位呈东西走向，穿越广州最繁忙的中心城区，设26对路中式车站，项目新(改)建天桥23座、人行隧道3座，新建与地铁连接通道2座，新建自行车停车区50处，新建智能交通、票务、安全门三大营运系统，并同步完善地下综合管线网络建设。

中山大道BRT系统是亚洲最繁忙的BRT系统之一，系统配车989辆，高峰期平均每10s通过一辆车，每天承载超过85万人次出行，约占全市公交总运量的1/10。

■ 项目特点

（1）国际首创"专用走廊+灵活线路"BRT系统运营模式。
（2）国际首次提出多交通模式的整合，实现了BRT与地铁站厅的物理整合。
（3）国内首创以客流服务为导向、以运营效率为核心的车站建设技术。
（4）创新提出BRT设计施工的标准化、模块化、工业化和装配化。
（5）系统集约创新，BRT控制中心智能监控系统高效整合达86项功能。

■ 获奖信息

★ 2011年世界可持续交通奖
★ 2012年联合国应对气候变化"灯塔奖"
★ 第十六届中国土木工程詹天佑奖
★ 2011年度全国优秀工程勘察设计行业奖一等奖

▲ BRT路中式车站

▲ 夜景

新广从路快速化改造北段工程

Guangcong Urban Expressway Reconstruction Northern Section

建造地点 / 广州市白云区、从化区

道路总长 / 38.25km

车道数量 / 双向6车道（节点断面双向10车道）

行车速度 / 近期60km/h，预留远期80km/h

建成时间 / 2021年

■ 项目概况

新广从路快速化改造北段工程是全国第一个与轨道交通共走廊，同步规划、同步设计、同步建设且由广州地铁集团建设管理的市政道路工程。工程位于广州市北部的白云区和从化区，是广州市与北部地区联系的一条重要通道，南起北二环，北至街口立交。

项目道路标准断面宽38m，近期按照60km/h城市主干路设计，远期改造为80km/h快速路，标准断面路面采用沥青路面铺盖。沿线新建立交12座、人行天桥42座；配套2×2m电缆管廊、排水、照明、绿化、交通工程等。

■ 项目特点

（1）与轨道交通共走廊，同步规划、同步设计、同步建设，节省投资。新广从路与广州市轨道交通14号线高架段共线，线形设计按两者中较高标准取用，满足公路和轨道线路线形要求。两者平面协调、空间共享、相互调配，达到资源最大化利用和节约20%投资的目的，成功实现限额设计，成为企业后续市政项目投资管控标杆。

（2）跨线桥与轨道空间交叉合为一体。针对12座跨线桥与轨道桥梁及车站的共建关系，对14号线全刚构体系桥梁及车站进行特殊保护处理，实现空间交叉构建跨线桥和地铁，并保证跨线桥与地铁的运营安全。

（3）人行天桥与地铁维养通道合建。设计方案充分考虑轨道桥梁常规维护，采用合建方案，结构安全适用、经济合理。照明、监控、门禁、工具存放、临时休息等设施满足运营维养需求。

（4）同步建设相关管线，避免二次开挖。同步配套建设了电缆管廊、雨水、排水、照明等集约化城市公用基础设施工程，有效解决了城市道路反复开挖、地下空间肆意浪费、市政管线损坏事故频发等问题，保障地下管线的安全运营，提升城市整体环境。

■ 获奖信息

★ 第十四届广东省土木工程詹天佑故乡杯奖

★ 2022年度广州市建设工程优质奖

★ 2022年度广州市建设工程质量五羊杯奖

▲ 钟落潭地铁站

▲ 高湖公路立交

广州珠江两岸环境景观建设工程
Guangzhou Pearl River Waterfront Environment and Landscape Reconstruction Project

建造地点 / 广州市海珠区
总长 / 25000m
建成时间 / 2001年

■ 项目概况

珠江两岸环境景观建设工程是广州市政府的城市标志性形象工程之一，亦是广州市城市环境改造工作的重要环节。伴随着广州"一年一小变，三年一中变"的城市改造步伐，历时3年至中华人民共和国第九届运动会前夕，东起华南桥、西至人民桥的珠江两岸环境景观工程顺利竣工。

建成后的珠江两岸景观环境重塑了珠江沿岸的形象，体现了广州作为国际化中心城市应有的风貌，使美丽的珠江熠熠生辉，为广州增添了一道亮丽的风景线。

■ 项目特点

（1）坚持"以人为本"的设计理念。强调空间的连续性、统一性、协调性和可持续性的总体设计原则，沿用"元素廊""模数化"的设计手法，巧妙利用栏杆、花池、座椅、人行道等景观构成元素，对两岸景观资源统一规划，设置开放式的滨河公园、景观节点，合理组合和划分休闲区与步行区域，营造出一个尽显人性化的优美共享空间，使河岸景观井然有序而又充满生机。

（2）体现岭南文化。设计力求突出"珠江"的特点，将其蕴含的岭南文化的精髓融合其中，堤岸栏杆采用天然花岗石的新型加工工艺，在精致中显粗犷、古朴中显大气，现代与自然完美结合，体现出岭南文化收放自如、兼容并蓄的风格。

■ 获奖信息

★ 2003年度广东省优秀工程设计奖二等奖
★ 2002年度广州市优秀工程设计奖一等奖

▲ 珠江两岸夜景

▲ 沿江路架空悬挑断

佛山东平河水轴线滨水公共空间改造项目
Foshan Dongping River Waterfront Public Space Reconstruction Project

建造地点 / 佛山市禅城区
河涌碧道总长 / 4100m
设计面积 / 22.59万 m²
建成时间 / 2023年

■ 项目概况

东平河水轴线滨水公共空间改造项目作为大湾区碧道示范点项目之一，是广东省万里碧道的组成部分。通过本项目建设形成集生态修复、滨水景观环境提升、市民休闲活动空间于一体的凤翔湾城市滨江景观廊道。

项目可细分为古灶陶韵、星耀石湾、鱼鹭洲尾三个片区，可作为大湾区城区滨水空间典范，定位为承载文化与形象的复合型城市会客厅，同时具有便捷共享游憩带、水岸体验生态带、生活休闲文化带、城市名片形象带等功能。

■ 项目特点

（1）展现佛山特色古陶文化的历史文化长廊。项目融入南庄建陶、柏塱古渡等本土元素，打造了古灶陶韵片区的景观辅助、功能配套滨水特色休闲景观带。

（2）传统民俗文化与时尚街头文化激情碰撞出的多元化城市休闲公园。项目融入当地上元村舞火龙特色民俗文化，打造了星耀石湾片区的景观辅助、功能配套的滨水文化休闲景观带。

（3）让城市滨水空间回归自然的东平河生态绿心。项目定位为"生态绿核"，通过营造自然生态的绿化基底、建设休闲运动场所，打造了鱼鹭洲尾片区的景观辅助、功能配套滨水生态休闲体验景观带。

▲ 市民休闲活动空间

▲ 凤翔湾滨水体育公园

传承 创新

1993 — 2023

地 铁 设 计 30 年

工程总承包篇

ENGINEERING PROCUREMENT CONSTRUCTION

CHAPTER

广州电客车驾驶与运营模拟训练基地

Guangzhou Electric Bus Driving and Operation Simulation Training Base

▲ 鸟瞰效果图

■ 项目概况

电客车驾驶及运营设备模拟训练基地是广州地铁设计研究院承接的第一个以设计为龙头的总承包工程，涉及土建、装修、机电、综合工艺、轨道、信号、通信等工程，以及具有地铁特色的各类培训设备采购安装工程等。基地使用功能包括电客车模拟培训室、设备模拟培训室、普通教室、办公室及其他用房。

建筑造型的总体构思：秉承赤沙车辆段规划设计中流畅、自然、和谐的设计理念，主入口立面造型营造一种端庄、稳重的氛围，使人感受到自然的和谐；南、北立面采用简洁明快的处理手法，使不同功能的房间风格和谐统一，西立面充分考虑了遮阳措施，整栋建筑风格与周边环境融为一体。

城市轨道交通系统安全与运维保障国家工程研究中心改造工程
Reconstruction of National Engineering Research Centre for Urban Rail Transit System Safety and Operation Assurance

▲ 正面图

■ 项目概况

城市轨道交通系统安全与运维保障国家工程研究中心是国内轨道交通行业唯一一家以地铁建设和运营单位为依托，根植粤港澳、服务"轨道上的大湾区"，面向城轨系统安全与运维保障的国家工程研究中心。

项目位于广州西塱车辆段内，总建筑面积约5515m²，由广州市轨道交通1号线地铁旧厂房改造而成。改造促使废旧建筑属性活化，焕发出时代生机；建筑风格与环境相融合，保留城市印记，重塑建筑角色。项目被誉为广州地区最经济、环保、节能的轨道交通实验平台。

■ 获奖信息

★ 2020年度广州市优秀工程勘察设计奖二等奖

广州地铁赤沙车辆段地铁治安监控通讯指挥中心迁建项目
Guangzhou Metro Chisha Depot Security Monitoring and Communication Command Center Relocation Project

■ 项目概况

赤沙车辆段地铁治安监控通讯指挥中心总建筑面积约 2.8 万 m^2，汇集已运营线路监控通信系统，承担广州地铁警务工作指挥调度等功能。

项目采用装配整体式框架 — 现浇剪力墙结构，其中上部楼层框架柱采用钢骨架混凝土 (PCT) 预制柱，为国内首个正式应用该技术体系的工程项目。预制构件类型应用范围广，预制应用比例高，其中竖向构件预制比例达 40.5%，梁、板、楼梯预制比例达 82.5%，预制楼层范围为 1~16 层，达到省标 A 级装配式建筑要求。

▲ 正面效果图

■ 获奖信息

★ 广东省住房和城乡建设厅《装配式建筑发展可复制推广经验清单》技术引领类别项目
★ 2021 年广州市绿色建筑发展报告装配式典型案例项目
★ 2021 年度全国交通运输企业智慧建筑创新实践案例标杆项目

东莞南站 TOD 综合开发及站前广场 EPC 项目
Dongguan South Railway Station TOD Comprehensive Development and Station Square EPC Project

■ 项目概况

东莞南站位于东莞市塘厦镇林村，站台规模为 4 台 8 线，站房规模为 2.84 万 m²，规划形成赣深铁路、中南虎城际、市轨道交通 1 号线支线和 16 号线 "两纵两横" 的轨道交通布局。

项目用地以居住用地、公共设施用地、商业用地为主，其中居住用地主要分布在 TOD 控制区东北侧，商业用地主要分布在交通枢纽的十字轴线上。

▲ 站前广场效果图

依托 TOD 规划，广州地铁设计研究院成功拓展东莞南站站前广场 EPC 项目。站前广场位于车站南侧，为车站集散空间。广场周边设置社会停车场、公交站场、出租车站场、旅游大巴站场及景观公园等，共设停车位 1150 个。

广州 9406 人防工程
Guangzhou 9406 Civil Air-Defense Project

■ **项目概况**

广州 9406 人防工程（又称广州流行前线），位于越秀区中山三路与较场东路交界，建于 1996 年。本项目是依托广州市轨道交通 1 号线烈士陵园站进行的地下空间开发项目，总建筑面积 1.8 万 m^2。负一层为商业区，其东端与地铁站连接，两端与中华广场连接，中部区域设步行通道，连接至广场。负二层为停车库。

■ **获奖信息**

★ 1999 年度广东省第九次优秀工程设计奖二等奖
★ 1999 年度广东省职工技协优秀技术成果奖二等奖
★ 1998 年度广州市优秀工程设计奖二等奖

▲ 内景现状

▲ 工程出入口

▲ 人防门

广州太古汇人防地下室
Guangzhou TaikooHui Civil Air - Defense Basement

▲ 太古汇正立面

■ **项目概况**

广州太古汇人防地下室部分位于地下负四层，平时人防部分分为汽车停车库、消防水池；战时功能较为齐全，包括消防专业队（队员、车辆）掩蔽部、防空专业队（队员、车辆）掩蔽部、一等人员掩蔽部、区域水站、人防电站等，人防总建筑面积1.56万 m^2。共分5个防护单元、10个抗爆单元，设多个人员出入口，且与广州市轨道交通3号线连接，具有综合防护能力。

■ **获奖信息**

★ 2013年度广东省优秀工程勘察设计奖三等奖
★ 2012年度广州市优秀工程勘察设计奖二等奖

▲ 人防门开启状态

▲ 人防门关闭状态

▲ 人防地下室

▲ 战时电箱

腾讯贵安七星数据中心项目人防防护设备非标设计
Non-Standard Design of Civil Air-Defense Equipment for Tencent Gui'an Seven Star Data Center

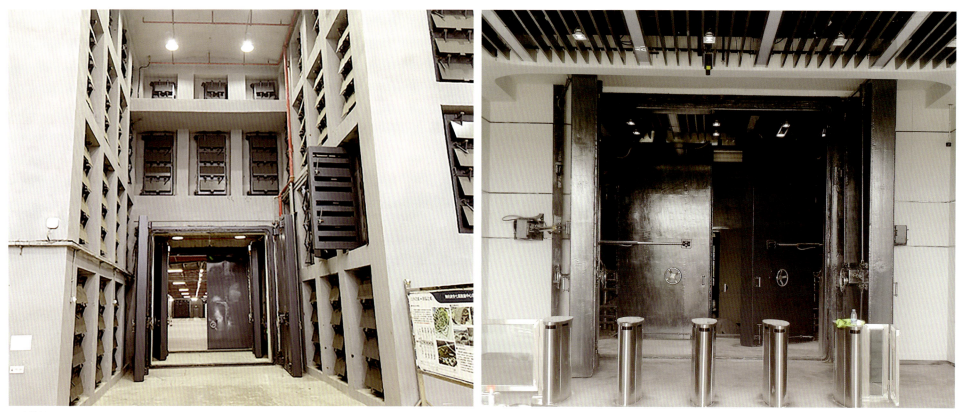

▲ 人防门

■ 项目概况

腾讯贵安七星数据中心位于贵州省贵安新区，是我国首座洞库式数据中心。项目洞内建筑面积总计约 3 万 m^2，可容纳 5 万台服务器，总投资 8.2 亿元。项目聚焦数据中心巨大能耗及数据安全协同统一的难题，在山体内布设洞库群，集中放置电子信息设备，是一座"高隐蔽、高防护、高安全"的绿色高效灾备数据中心。

本数据中心为设计人防等级最高的民用建筑，利用隧道山体及岩层避免或减轻常规武器打击，并按照"核弹级"防护进行结构设计。相对于传统地面式无人防等级的数据中心，项目从空间布局、结构抵抗、防御技术等方面构建了完备的防御体系，对地震、飓风等自然灾害及人为爆炸灾害具有高防护性，极大提高和保证了数据中心的安全性。

孟加拉国卡纳普里河隧道防淹门设计及安装工程
Bangladesh Karnaphuli River Tunnel Flood Gate Design and Installation

▲ 施工现场

▲ 防淹门

■ 项目概况

　　孟加拉国卡纳普里河隧道防淹门项目共包括 4 樘公路隧道防淹门的设计、制造以及安装调试工作。其中，宽 13.8m、高 7m 防淹门 2 樘，宽 10.2m、高 7m 防淹门 2 樘。4 樘公路隧道防淹门均往隧道上坡方向开启，防淹门启闭需克服路面纵向坡度 4%、横向坡度 2%，门体采用升降式，升降行程达 800mm。

　　该项目创造了公路隧道防淹门最大孔高、最大升程、最强防腐、最大单体重量、最远运距等多个国内之最。

传承　创新

1993 — 2023

地 铁 设 计 30 年

能源管理和工程数字化篇

ENERGY MANAGEMENT AND ENGINEERING DIGITIZATION

广州车陂南站环控系统节能改造项目
Guangzhou Metro Chebeinan Station Environmental Control System Energy Saving Project

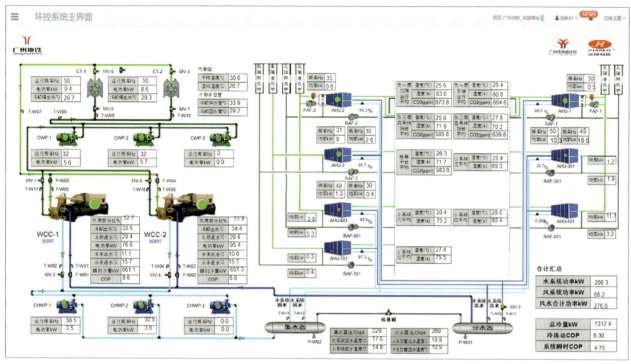

▲ 节能控制系统云平台

▲ 空调制冷机房

■ 项目概况

车陂南站为广州市轨道交通 4 号线、5 号线的换乘站，车站主体建筑面积约 3.46 万 m²，为明挖三层 T 形换乘站。本站独立供冷，两线车站共用冷水机房，设计总冷量为 2466kW，改造前全年环控用电（含扶梯、水泵等）为 524 万 kW·h。

制冷机房置于车站负二层，包括 2 台冷水机组，冷冻水设计供回水温度为 7℃/14℃，冷却水设计供回水温度为 32℃/37℃。冷水机房内设置 3 台冷冻水泵和 3 台冷却水泵，均为两用一备。2 台冷却塔放置于车站 3 号出入口风亭顶部。末端风系统包括公共区空调系统和设备区空调系统，均采用双风机一次回风全空气系统，其中公共区设置有 3 套系统，总冷量合计约 1459kW，每天运行 18h；设备区设置有 4 套系统，总冷量约 1007kW，人员管理房间空调每天运行 18h，设备管理房间空调每天运行 24h。

■ 应用情况

项目于 2016 年 6 月启动，对车站环控及相应控制系统进行节能和控制软件的改造升级，于 2018 年 3 月完成。在投入运行的前 2 年，车陂南站的高峰系统已经达到了设计负荷，2018 年全年平均制冷能效为 5.87（全年时段月平均 5.66~6.74），全年平均空调系统（制冷系统 + 空调末端）能效为 4.31（全年时段月平均 4.08~4.98）。

项目总投资约 640 万元；系统改造后实现了 50% 以上的节能效果，经测算年节电成本约 120 万元。在此基础上，项目提高了运营服务水平，改善了员工的工作环境，同时实现了自动运行及状态监测，减少了运营维护工作量。

■ 获奖信息

★ 2022 年度首届"大师杯"高能效空调系统工程大赛二等奖
★ 2018 年度中国设备管理创新成果奖二等奖
★ 2019 年度广东省市政行业协会科学技术奖一等奖

城市轨道交通智慧规划平台
Urban Rail Transit Intelligent Planning Integrated Platform

■ 产品介绍

2021年，广州地铁设计研究院提出构建"设计＋数字科技"的发展模式，实施"12433"发展战略，城市轨道交通智慧规划平台（iPlan）应运而生。平台致力于探索规划从模糊决策、经验决策向大数据和信息平台支持下科学精准决策的转变，构建城市轨道交通规划和前期研究的新模式。

平台采用先进的前后端分离 B/S（浏览器/服务器）架构，基于容器化、微服务基础技术，具备性能好、响应快、模块化强等优点，并支持高并发，具备分布式计算能力。平台涵盖 4 大业务场景，12 个功能分类，超 40 个功能模块，支持任意设备浏览、实时分析，方便现场调研、汇报等工作场景。

■ 应用情况

目前，平台已在广州、深圳、佛山、厦门、苏州、南京、重庆等多个城市推广，并成功应用于广州市城市轨道交通第四期建设规划、广州市轨道交通 15 号线、广州市轨道交通 19 号线、广州市轨道交通 26 号线、厦门市轨道交通 5 号线、西安地铁 17 号线等项目的前期线站位研究中，极大提升了设计人员的选线工作效率，为线站位选址、线网规划提供了可量化的科学依据。

■ 产品潜力

基于数字孪生技术和人工智能算法模型，平台可用于城市轨道交通线网规划、建设规划、可行性研究以及各类前期专项规划、TOD 开发研究等，未来将进一步融合大数据、云计算、虚拟仿真、AI 等技术，将应用场景进一步延伸至城市轨道交通规划建设、运营经营领域。

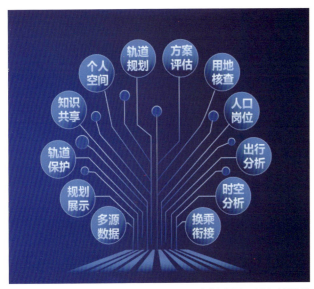

▲ 4大业务场景、12个功能分类

▲ "三位一体"建设思路

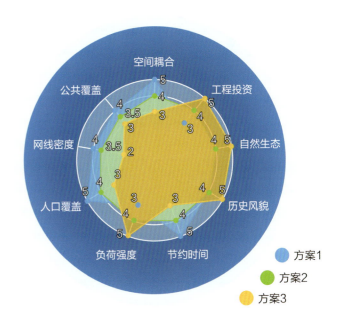

▲ 线网综合比选雷达图

区间隧道参数化建模与集成化计算工具
Tunnel Parametric Modeling and Integrated Calculation Tools

■ 产品介绍

针对传统区间隧道设计过程中存在的建模耗时长、涉及软件多、计算书整理繁琐等痛点，广州地铁设计研究院经过长期研究，结合最优设计经验，提出了区间隧道结构建模计算一体化思路与数据互联互通的隧道集成创新计算方法。

区间隧道参数化建模与集成化计算工具将隧道设计过程中各流程数据标准化，通过二次开发实现各流程间的数据流转和交换，通过研究盾构管片精细化排版算法、矿山法隧道初期支护及二次衬砌建模方法，实现区间隧道快速、精细化建模，以及区间隧道的智能设计与集成计算，以智能化的方式取代传统的人力设计计算过程，设计效率提升了80%。

■ 应用情况

产品广泛应用于广州、长沙等多地的线路设计中，包括广州市轨道交通8号线北延段与东延段、11号线、13号线二期、18号线、22号线、24号线，以及广州市中心城区地下综合管廊（沿11号线）、长沙市轨道交通6号线、广花城际铁路等线路，经济效益显著。

■ 获奖信息

★ 2021年度第二十二届中国专利优秀奖
★ 2018年度广东省工程勘察设计行业协会科学技术奖一等奖
★ 2020年度广东省土木建筑学会科学技术奖一等奖

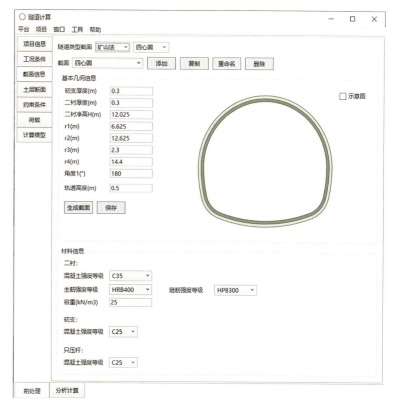

▲ 集成计算界面

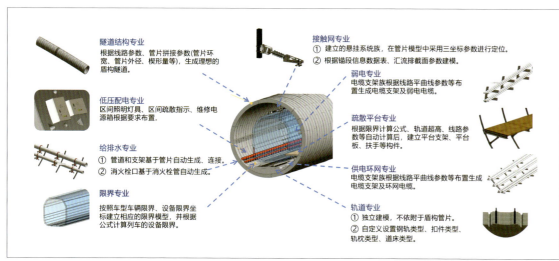

▲ 区间隧道参数化建模

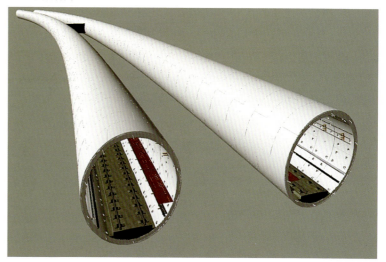

▲ 参数化模型生成

数字化 BIM 标准库管理系统
Digitalized BIM Standard Library Management System

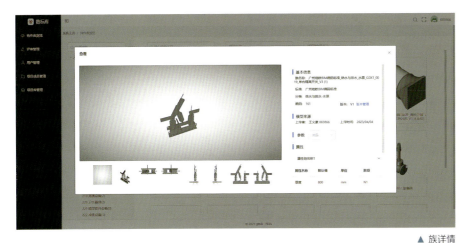

▲ 族详情

▲ 主页面

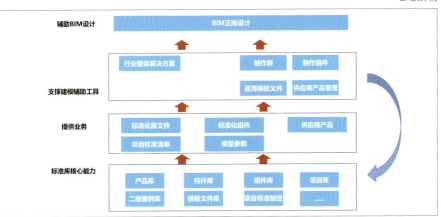

▲ 技术架构

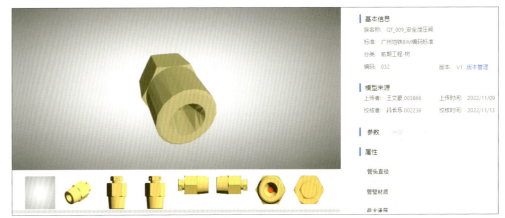

▲ 构件详情页面

■ 产品介绍

历史设计资源复用可提高效率，是设计标准化的重要实现路径。数字化 BIM 标准库管理系统是专为使用 Revit 软件的设计人员打造的一款产品，它能够帮助设计人员高效地管理和使用各种设计资源，包括构件族、组件族、产品族以及各种标准文件。可以在平台端对所有资源进行统一的管理和项目级的共享，也可以在 Revit 插件端进行族文件的快速下载和使用。无论是建筑设计、结构设计还是 MEP 设计，数字化 BIM 标准库管理系统均能够提供丰富的资源和便捷的操作，让设计工作更加高效和规范。

■ 应用情况

产品广泛应用于广州市轨道交通建设中，包括广州市轨道交通 8 号线北延段与东延段、24 号线、广花城际铁路、芳白城际铁路、南中珠城际铁路等，管理和应用专业 BIM 标准图 1000+ 套，为 BIM 标准化设计提供了支撑。

■ 产品潜力

随着标准库数量的不断增加，平台资源日益丰富，在项目级族清单管理的基础上，实现了基于标准的编码规范，支持数模分离、产品索引与替换及可迭代的供应商产品库管理。

城市轨道交通消防设计智能审查平台
Urban Rail Transit Fire Protection Design AI Review Platform

■ 产品介绍

随着BIM技术在勘察设计行业的逐步推广，针对传统人工施工图审查过程中存在劳动强度大、规范解释不统一、审查错漏、效率低等问题，广州地铁设计研究院在2021年提出了基于知识图谱的专家经验知识驱动方法。

该方法突破了设计知识难以标准化存储的关键技术，通过知识图谱等人工智能技术将设计规范进行结构化解读。广州地铁设计研究院自主研发了基于AI的BIM智能审查平台，通过智能算法引擎，对BIM设计模型及数据进行审查，自动获得合规性结果并生成审查报告，形成整个审查业务闭环。

■ 应用情况

本平台已在广州市轨道交通5号线、7号线、11号线等线路中应用。

■ 产品潜力

项目被列为广东省科技厅2022科技创新项目，目前已完成消防审查专项的功能开发及应用，将为轨道交通项目提供消防专项审查服务，并将逐步拓展到各施工图审查专业和市政、住宅等其他工程设计中，打造成行业智能化标杆产品。

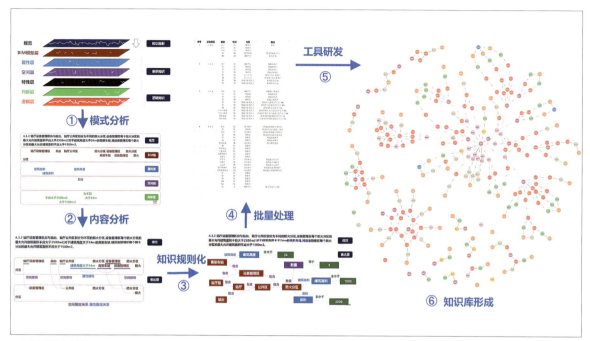

▲ 知识图谱形成过程

▲ 系统架构

▲ 审查界面

工程总承包管理工作平台
Digitalized EPC Management Platform

▲ 智慧工地

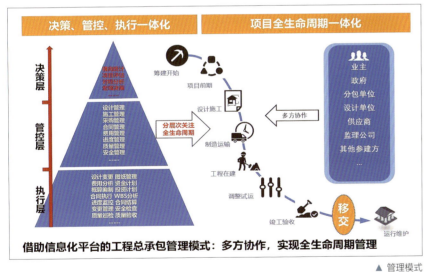
▲ 管理模式

■ 产品介绍

为解决传统工程总承包管理模式效率低、管理手段不科学不规范、沟通协调成本高的难题，广州地铁设计研究院工程总承包管理中心搭建了一个围绕工程建设全生命周期管理的企业级管理系统以及整体信息化平台，即工程总承包管理工作平台。该平台可实现工程项目从立项、实施到竣工交付的全过程完整的生产管理，构建对项目的设计、施工、采购、合同、成本、进度、质量、安全、文档等多角度全要素的高效协同管理模式，为后续工程总承包无纸化管理打下夯实基础。

■ 应用情况

本平台已在广州地铁设计研究院设计研发大楼工程建设项目、南沙明珠湾区跨江通道工程（首期段）全过程工程咨询项目等 16 个项目中应用。

该平台进一步提高了管理部门的工作效率和工作质量，通过所打造的严谨、高效、保密的项目管理体系，帮助工作人员更好地完成项目管理工作，促进部门与合作单位之间的协同办公，实现了对施工现场的无纸化管理和智慧管理，以及与单位内部办公平台的互融互通。

■ 产品潜力

基于工程总承包管理工作平台一期建设成果，后续将建立基于 BIM 的数字化交付与运维协同管理平台。一是采用设计、施工统一的 BIM 建模规则，使得同一构件既含有设计属性也具备施工属性；二是将构件等算量与施工单位的合同价（涉及新增开项链接政府信息价自动更新综合单位）结合起来，实现施工请款无纸化流转，同时将工程费用控制管理结合起来，实现费控管理；三是积累企业定额，录入人材机等信息，在整个工程量确定的情况下确定施工工期，保障工程进度控制；四是实现设计管理，将限额设计、结构功能计算、装修效果、管线碰撞统一在模型中实现，同时将校核、审核、审定以及设计管理工作内置。

智能建造为施工、运营提供宝贵的基础数据，为实现智能运维打下基础，最终将实现基于 BIM 的项目全生命周期管理，动态积累过程数据，明确交付标准，全面发挥 BIM 的项目管理效益。

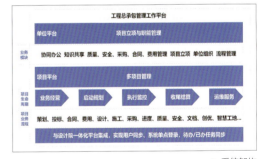
▲ 系统架构

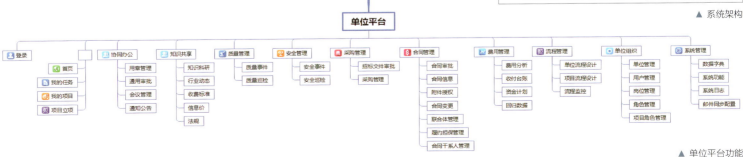
▲ 单位平台功能

广州地铁萝岗车辆段上盖综合开发 BIM 应用
Application of BIM in Guangzhou Metro Luogang Depot TOD Project

建造地点 /	广州市黄埔区
建筑面积 /	93.03 万 m²
使用软件 /	Autodesk Revit、Projectwise、YJK、Acute3D、Lumion 等
模型大小 /	5732.73MB
建成时间 /	2023 年

■ 项目概况

为了缓解地铁建设资金压力，充分利用土地资源，在"轨道交通＋物业"的 TOD 轨道交通综合开发业务中，萝岗车辆段总用地面积 30.71hm²，远期上盖开发总建筑面积 93.03 万 m²。整个综合开发体系包含上盖物业、车辆段库房、地铁站点枢纽、区间轨道等，涉及 40 多个专业，性质特殊、体量庞大、制约条件多，国内少有相关案例经验可循。同时，盖下的地铁车辆段库房与盖上综合物业相互影响、相互制约，对综合协同设计能力和后期运维信息数据的要求很高。

■ BIM 应用情况

设计团队以"轨道交通＋物业"综合开发类型项目为依托，研究 BIM 建设过程中的团队构架、管理流程以及 TOD 综合开发类型项目 BIM 创新的整体技术方案，分别从住宅建筑 BIM 精细化设计、住宅装配式的 BIM 精细化设计、平台化协同设计、无人机倾斜摄影与实景成模研究、三维可视化设计及 VR（虚拟现实）体验、自主研发 BIM 模型质量管理与校审核平台等方向进行 BIM 设计应用创新实践。项目从 2016 年开展，属于国内较早对本类型项目进行 BIM 深度创新应用的项目，对日后同类项目的信息化创新形成了很好的示范性作用。

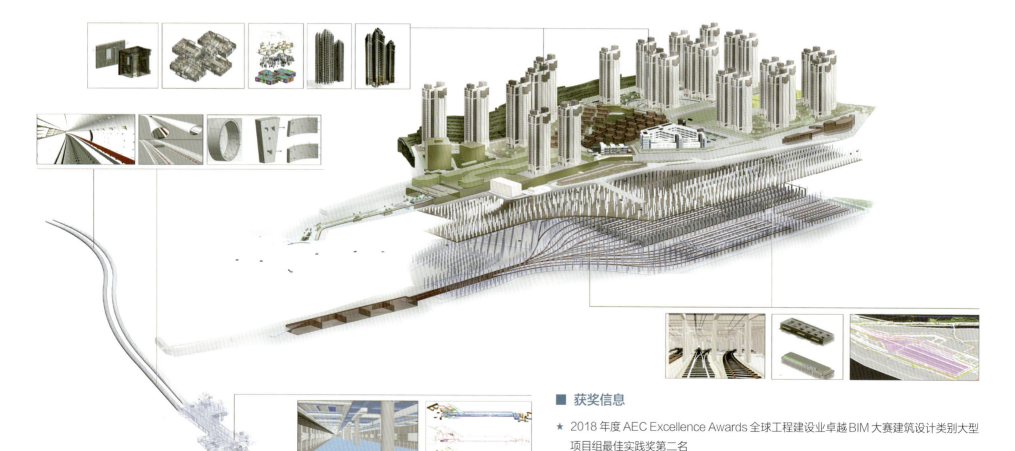

▲ TOD车辆段上盖开发体系

■ 获奖信息

★ 2018 年度 AEC Excellence Awards 全球工程建设业卓越 BIM 大赛建筑设计类别大型项目组最佳实践奖第二名
★ 2017 年度 buildingSMART 第三届国际 BIM 大奖赛最佳住宅项目 BIM 应用大奖
★ 2017 年度第八届"创新杯"建筑信息模型（BIM）应用大赛最佳居住建筑 BIM 应用奖

广州地铁南村万博站 BIM 项目

Application of BIM in Guangzhou Metro Nancun Wanbo Station

建造地点 /	广州市番禺区
建筑面积 /	4.68 万 m²
使用软件 /	Revit
模型大小 /	479MB
建成时间 /	2017 年

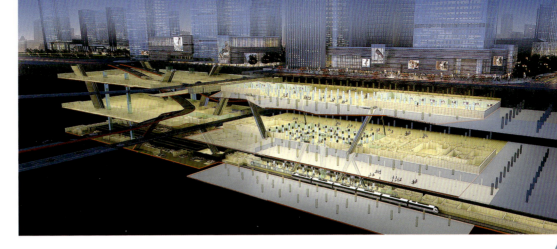

▲ 剖透视效果图

■ 项目概况

南村万博站是广州市轨道交通 7 号线一期工程的第 6 座车站，位于迎宾路东侧，沿汉溪大道敷设。本站与广州万博地下商业中心结合，周围有三个功能各异、业态不同的综合体——万博地下空间综合体、天河城万达综合体、市政工程交通枢纽综合体。综合体开发总面积约为 28 万 m²，是国内首例大型综合体内包含地下枢纽站的工程项目，工程难度较大。

■ BIM应用情况

与传统方式相比，本项目采用 BIM 技术优化后，缩短工期约 3 个月，节省造价约 4000 万元。

（1）通过 BIM 三维场地仿真，直观把控车站的站位敷设、地铁路由、周边建筑、地下市政管线、规划道路的关系。

（2）通过 BIM 二次开发研究，初步实现地铁车站墙面、地面的智能化建模，创建了 304 个导向族，从而实现地铁车站装修全面实体化、模块化建模，不再是传统的贴图模式。

（3）通过三维管线设计及碰撞检查，极大提高了管线设计质量，加快了施工进度。

（4）通过 BIM 技术在施工管理方面的探索，完善了现场施工组织秩序，节省了工程材料。

（5）探索了适应"地铁+综合开发"模式的工程项目全专业、全生命周期 BIM 技术协同工作流程。

■ 获奖信息

★ 2018 年度广东省第二届 BIM 应用大赛二等奖
★ 2019 年度广东省优秀工程勘察设计奖建筑信息模型 (BIM) 专项三等奖
★ 2018 年度广州市优秀工程勘察设计奖 BIM(建筑信息模型) 设计专项一等奖

▲ 公共区天花模型

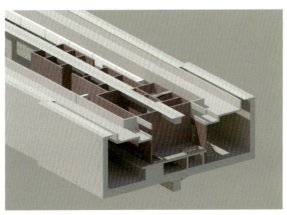

▲ 可视化精细建模

▲ 场地模拟模型

广州地铁赤沙滘站和石榴岗 — 赤沙滘区间 BIM 项目
Application of BIM in Guangzhou Metro Chishajiao Station and Shiliugang−Chishajiao Section

建造地点 / 广州市海珠区

建筑面积或长度 / 车站面积：3.21 万 m^2、区间长度：1540m

使用软件 / Bentley、Project Wise、ABD、MicroStation、Power Civil、GC、Navigator

模型大小 / 1204.37MB

建成时间 / 2024 年

▲ 石赤区间结构模型

▲ 全专业模型

▲ 赤沙滘车站主体结构模型

▲ 赤沙滘站站厅层渲染效果图

■ 项目概况

赤沙滘站位于广州海珠区新滘东路与赤沙涌交会处东侧，沿新滘东路东西向敷设，是广州市轨道交通 11 号线与 12 号线的换乘站，为地下两层双岛同台换乘车站。车站全长 389.40m，标准段宽 45.3m。石榴岗 — 赤沙滘区间由盾构区间和明挖区间组成。

■ BIM 应用情况

（1）提高生产效率，提升设计品质。BIM 技术的使用极大地提高了生产效率和设计质量，减少项目交付时间 42d，节约成本 160 万元。

（2）全专业解决方案。赤沙滘站和石榴岗 — 赤沙滘区间是我国地铁行业第一个采用 Bentley 软件进行设计的项目。项目组从建模、校审到出图总结探索出设计全流程全专业的解决方案。

（3）标准化设计。本项目制定出一套行业通用的种子文件，并根据我国地铁行业的出图习惯和工作流程配置了标准化的工作空间，在标准化设计方面的成果可成为今后其他地铁车站区间设计的重要参照。

■ 获奖信息

★ 2016 年度 Bentley Be inspired 大赛 Special Recognition Awards

★ 2016 年度广东省 BIM 应用大赛三等奖

★ 2016 年度广州市青年 BIM 技术竞赛二等奖

广州地铁太和 — 竹料区间复杂桥隧工程 BIM 应用
Application of BIM in Guangzhou Metro Taihe-Zhuliao Section

建造地点　/　广州市白云区
建筑长度　/　明挖段：564.13m、盾构段：3138.24m、高架段：2308.19m
使用软件　/　Revit、Dynamo、Navisworks
模型大小　/　1204.37MB
建成时间　/　2017 年

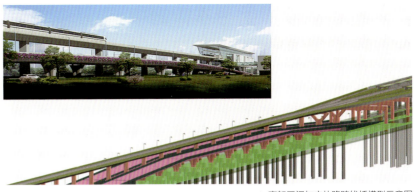
▲ 高架区间与广从路跨线桥模型示意图

■ 项目概况

太和 — 竹料区间是广州市轨道交通 14 号线一期工程的第 4 个区间，包括高架段和地下段。地下区间从太和站沿 105 国道右侧推进，途径太和北路、兴和大道、龙虎路，设置一座中间风井，区间下穿飞来桥后进入高架区间。

■ BIM应用情况

本项目以二次开发为 BIM 应用特色，设计团队在设计阶段研发了桥梁上部结构、下部结构、预应力钢束等桥梁专业二次开发建模插件和编程应用，以及盾构管片排版系统 2.0、明挖隧道建模插件、市政管线三维模型自动生成程序等一列快速建模与出图插件，大大提高了设计建模的效率。

通过本项目的深度 BIM 实施探索，利用二次开发插件及 Dynamo 编程实现模型快速创建，设计人员能够快、准、全地对设计方案进行修改、比选。同时，本项目实现了地铁车站与隧道以及桥隧之间的整体建模尝试，克服了不同结构形式接口处理技术上的难点，可为今后类似项目的 BIM 应用提供宝贵经验。

▲ 地下盾构区间内部效果图

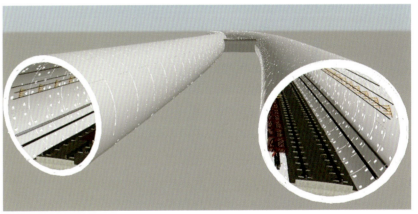
▲ 地下盾构区间模型图

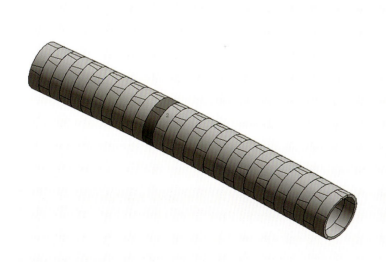
▲ 盾构管片建筑信息模型

■ 获奖信息

★ 2017 年度第八届"创新杯"建筑信息模型 (BIM) 应用大赛优秀大型桥梁与隧道 BIM 应用奖
★ 2018 年度广东省第二届 BIM 应用大赛二等奖

广州地铁磨碟沙站 BIM 应用

Application of BIM in Guangzhou Metro Modiesha Station

建造地点 / 广州市海珠区
建筑面积 / 5.65 万 m²
使用软件 / Revit、Navisworks、基于 Revit 的二次开发插件
模型大小 / 499MB
建成时间 / 2021 年

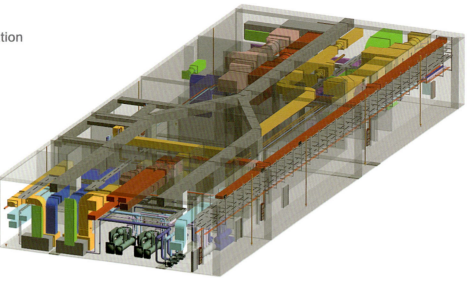

▲ 管线综合示意图

▲ 展示图

▲ 站厅层预览

▲ 出入口

项目概况

磨碟沙站规划为广州市琶洲西区综合交通枢纽,是广州市轨道交通 18 号线 160km/h 的市域快线车站及 4 线越行站,8 号线与 18 号线在本站 T 字换乘,同时规划建设 19 号线、28 号线未来在此站换乘。车站周边规划为商业办公、居住、绿地等,总体规划为琶洲总部经济区。

本项目系统研究了 BIM 技术在综合交通枢纽工程全生命周期中的应用,对 BIM 数据进行及时分析和高效利用,实现轨道交通全生命周期过程中地质、设计、施工、运维等信息的高度集成与高效流通。

BIM应用情况

(1)BIM 一体化协同设计。结合轨道交通行业的 BIM 设计特点,本项目制定 BIM 设计流程,创建了地质、管线、土建、机电、装修等 10 多个专业的 BIM 模型,将原始数据通过三维模型信息流转到设计模型中,有效保障了各设计阶段数据信息的一致性、完整性和集成性。

(2)管线综合优化设计。利用 BIM 模型进行管线综合优化,及时发现各专业的管线碰撞问题,根据碰撞检查结果进行分析并生成协调数据。同时对管线排布进行优化及编排施工顺序,缩短施工工期,避免后期的设计变更及施工返工。

(3)自主研发建模插件。基于 Revit 功能,项目团队自主研发地质建模、管线建模、综合支吊架智能选型、出入口快速建模等二次开发插件,提高了设计效率。

(4)城市轨道交通工程智能监测系统。项目对在建和既有地铁进行监测并对盾构施工进行监控,与周边基坑监测数据实现互联互通,实现全生命周期监控的三维可视化在线实时监测和预警。

(5)BIM 的数字化仿真。以沉浸式的体验来进行建筑的规划和设计,结构融合周边多层次活动空间,提供更加直观清晰的建筑模型,实现设计、施工、运维管理的衔接。

获奖信息

★ 2021 年度第十二届"创新杯"建筑信息模型(BIM)应用大赛铁路与轨道交通类 BIM 应用二等成果

★ 2021 年度第三届"市政杯"BIM 应用技能大赛综合组三等奖

★ 2021 年度第二届"智建杯"智慧建造创新大奖赛综合组铜奖

锡澄靖城际轨道交通工程高架区间 BIM 应用
Application of BIM in Wuxi-Jiangyin-Jingjiang Intercity Rail Transit Elevated Sections

建造地点　/　无锡市惠山区

建筑长度　/　9km

使用软件　/　Revit、Dynamo

模型大小　/　333.37MB

建成时间　/　2023 年

▲ 上下部结构建模图

■ 项目概况

本线路是一条类城际高架快线，为无锡至江阴轨道交通工程高架区间，里程范围为 YDK20+492 ~ YDK58+647.692。主线高架区间总长约 9km，高架线路上有多座节点桥和标准梁，线路情况复杂，大型变高变宽节点桥多，在业主需要可视化方案展示和正向设计的要求下，本项目通过二次开发实现 BIM 正向设计成为必需。

■ BIM应用情况

（1）利用快速设计工具进行高架区间模型的高效创建和修改。

（2）二次开发解决桥梁上部结构梁预应力钢束的快速配束问题。

（3）开发三维地质建模平台，可及时对方案进行调整。

（4）定制的一体化协同平台和 BIM 协同标准可实现参与各方的有效协作。

▲ 项目车站模型图

■ 获奖信息

★ 2023 年度第十三届"创新杯"建筑信息模型（BIM）应用大赛铁路与轨道交通类 BIM 应用一等成果

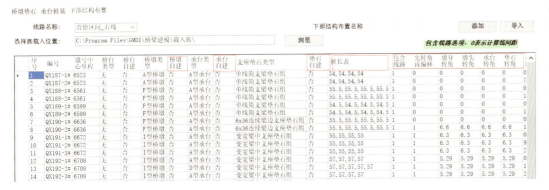

▲ 高架区间建模插件界面